DESIGN DE VALOR:
criando produtos e serviços desejáveis e viáveis

Design de Valor:
criando produtos e serviços desejáveis e viáveis

Paulo Manoel Dias

Rua Clara Vendramin, 58 . Mossunguê . CEP 81200-170
Curitiba . PR . Brasil . Fone: (41) 2106-4170
www.intersaberes.com
editora@intersaberes.com

Conselho editorial	Dr. Alexandre Coutinho Pagliarini
	Dr.ª Elena Godoy
	Dr. Neri dos Santos
	M.ª Maria Lúcia Prado Sabatella
Editora-chefe	Lindsay Azambuja
Gerente editorial	Ariadne Nunes Wenger
Assistente editorial	Daniela Viroli Pereira Pinto
Preparação de originais	Palavra Arteira Edição e Revisão de Textos
Edição de texto	Caroline Rabelo Gomes
	Palavra do Editor
Capa	Débora Gipiela (design)
	Fluke Cha e Abstractor/Shutterstock (imagens)
Projeto gráfico	Stefany Conduta Wrublevski (design)
	Lais Galvão (adaptação)
Imagens do miolo	Login/Shutterstock
Diagramação	Regiane Rosa
Equipe de DESIGN	Débora Gipiela
Iconografia	Regina Claudia Cruz Prestes

Dados Internacionais de Catalogação na Publicação (CIP)
(Câmara Brasileira do Livro, SP, Brasil)

Dias, Paulo Manoel
  Design de valor : criando produtos e serviços desejáveis e viáveis / Paulo Manoel Dias. -- Curitiba, PR : InterSaberes, 2024.

  Bibliografia.
  ISBN 978-85-227-0920-5

  1. Administração de produtos 2. Clientes – Atendimento 3. Inovação 4. Marketing 5. Produtos novos 6. Serviços ao cliente 7. Sucesso em negócios I. Título.

24-192771   CDD-658.575

Índices para catálogo sistemático:
1. Inovação : Produtos : Administração   658.575
Cibele Maria Dias – Bibliotecária – CRB-8/9427

1ª edição, 2024.

Foi feito o depósito legal.

Informamos que é de inteira responsabilidade do autor a emissão de conceitos.

Nenhuma parte desta publicação poderá ser reproduzida por qualquer meio ou forma sem a prévia autorização da Editora InterSaberes.

A violação dos direitos autorais é crime estabelecido na Lei n. 9.610/1998 e punido pelo art. 184 do Código Penal.

Sumário

Prefácio 13

Apresentação 15

Introdução 25

Capítulo 1: O conceito de valor e a importância da inovação   29

1.1 O que é proposta de valor 31

1.2 A inovação como resultado da busca pela entrega
de valor 35

1.3 A importância da diversidade e da inclusão para
a inovação 49

1.4 Oportunidades para a criação de um negócio
e o risco do sucesso 53

1.5 A inovação disruptiva pode expulsar a empresa
do mercado 55

1.6 A inovação no ambiente da *startup* 58

Capítulo: 2 Conhecendo o canvas da proposta de valor   67

2.1 Como vender o produto inovador 69

2.2 Características e elementos constituintes do canvas
da proposta de valor 71

2.2 O perfil do cliente 73

2.3 O mapa de valor 89

2.4 Como avaliar a proposta de valor 96

2.5 Teste de cada elemento da proposta de valor 99

2.6 Como criar uma proposta de valor transparente –
ou como usar a proposta de valor no *marketing* 104

2.7 A proposta de valor alinhada com outras formas de
comunicação 108

2.8 Possibilidades de prototipagem 109

Capítulo 3: A proposta de valor em um modelo de negócios viável   131

3.1 Uma proposta de valor fantástica não garante o sucesso
empresarial 133

3.2 O canvas de modelo de negócios 133

3.3 O efeito da proposta de valor no modelo de negócios 142

3.4 A viabilidade do modelo de negócios 147

3.5 Gerenciamento de riscos do modelo de negócios 149

3.6 Opções de propostas de valor para um mesmo cliente ... 152

Capítulo 4: O canvas da proposta de valor na prática   159

4.1 Resumo dos passos para criar um canvas da proposta de
valor 161

4.2 Características de uma proposta de valor vencedora 162

4.3 As principais dificuldades na utilização do canvas da
proposta de valor 163

4.4 Quem é o cliente?... 165

4.5 Tipos de proposta de valor existentes 173

4.6 Como encontrar o modelo de negócios correto 177

4.7 Os tipos de encaixe da proposta de valor 179

4.8 Considerações sobre um projeto de *design* da proposta de valor e do modelo de negócios 183

4.9 Selecionando propostas de valor por votação 187

Capítulo 5: Explorando a criatividade com foco em melhoria e inovação   193

5.1 A criatividade no desenvolvimento de propostas de valor 195

5.2 Gerando muito mais valor no *e-commerce* 206

5.3 Melhoria contínua e garantia de qualidade 213

5.4 A melhoria da sustentabilidade do negócio como forma de gerar mais valor 220

5.5 Outras ferramentas para o canvas da proposta de valor e o canvas de modelo de negócios 223

5.9 Utilização dos padrões de modelos de negócios para inovar 243

Considerações finais 251

Referências 253

Respostas 259

Sobre o autor 265

Este livro é dedicado à minha esposa Mabiane e ao meu filho Enzo, pelo amor que me motivou e pela compreensão em relação ao tempo que deixei de aproveitar com eles para desenvolver este projeto. Dedico também aos meus pais Manoel e Rosa, que me deram a vida e forneceram lições valorosas de como viver de forma ética.

Ao meu amigo professor Gregorio Varvakis, o Grego, pelas inúmeras oportunidades que me deu e pela confiança em mim depositada, que contribuíram para que eu desenvolvesse a habilidade da escrita. Aos demais colegas do Grupo de Engenharia e Análise de Valor da Universidade Federal de Santa Catarina (GAV/UFSC), com os quais muito aprendi, tanto em conhecimento técnico como em postura profissional e comportamento ético. E a todos aqueles que em algum momento me fizeram evoluir ao fornecerem um *feedback* sincero.

Prefácio

Percebemos o desenvolvimento da humanidade de várias formas, de acordo com nossas experiências de vida e os ambientes nos quais vivemos. Novas tecnologias, novos produtos, novos conhecimentos, um turbilhão de inovações, de mudanças. As organizações, sejam elas privadas, públicas ou do terceiro setor, constantemente buscam entregar mais valor por meio dos seus produtos aos seus clientes e usuários.

É uma jornada contínua na qual constantemente buscamos inovar, criar valor e entregar esse valor de uma forma única, para sermos competitivos, reconhecidos e valorizados.

O processo de criação de valor, a inovação, não é obra do acaso ou do "divino", mas resultado de um conjunto de atividades que organizam nossos saberes e conhecimentos de modo a entregar soluções que atendam às diferentes demandas da sociedade. Para cada necessidade ou "dor" do cliente há, no olhar atento do empreendedor, novas oportunidades.

A execução das atividades do processo de inovação deve ser suportada por modelos, métodos e ferramentas, e os aqui apresentados podem ser de grande utilidade para o desenvolvimento de propostas de valor adequadas a um modelo de negócio existente ou mesmo para criar negócios totalmente novos.

Adicionalmente são apresentadas, de forma objetiva, excelentes considerações e reflexões sobre o processo criativo, elemento necessário para a criação de valor e a obtenção de maiores e melhores resultados. Isso porque não basta dominar ferramentas e métodos, é preciso combiná-los de maneira criativa para gerar impacto.

Com certeza, temos aqui uma excelente fonte de conhecimento para apoiar empreendedores, profissionais e mesmo acadêmicos no entendimento e na prática da criação de produtos de valor e negócios de sucesso.

Prof. Gregorio Varvakis, PhD
Universidade Federal de Santa Catarina (UFSC)
Departamento de Engenharia e Gestão do Conhecimento

Apresentação

Ao longo do tempo, a gestão empresarial vem evoluindo, e essa evolução é pautada pela busca da satisfação dos clientes, seja para garantir a lucratividade esperada, seja para atingir objetivos sociais ou governamentais, no caso de organizações sem fins lucrativos. Foco no cliente e, mais recentemente, centralidade do cliente são conceitos cada vez mais usados na justificativa de formas de estruturar organizações e projetos.

Este livro se destina a todas as pessoas que atuam em organizações empenhadas na criação de produtos e serviços que sejam atrativos e que fidelizem os clientes, incluindo tanto empreendedores quanto profissionais nas mais diversas atividades. O livro também apresenta informações válidas para estudantes dos temas de gestão e inovação.

Atualmente, o tempo é um dos recursos mais escassos. É preciso priorizar em quais temas e formas vamos investir nosso tempo, assim como selecionar quais fontes de informação serão consumidas. Por isso, antes de prosseguir com a leitura deste livro, responda sinceramente às perguntas a seguir:

1. Você acredita que a satisfação do cliente é a prioridade de qualquer empresa?

2. Você concorda que o cliente é quem define o que realmente agrega valor?

3. Você gostaria de ter uma forma de compreender o que o cliente necessita fazer, quais as principais dificuldades dele e o que ele reconhece como principais benefícios?

4. Você acredita que uma empresa pode aprimorar ou mesmo inovar seus produtos e serviços?

5. Você acredita que em uma empresa que nunca revê suas práticas não há como esperar resultados diferentes?

6. Você está disposto a sair do plano das ideias e realmente aplicar métodos diferentes para obter resultados surpreendentes?
7. Você consegue se organizar para reservar alguns momentos para se dedicar à leitura atenta e às reflexões propostas neste livro?

Se você respondeu "sim" para todas as perguntas anteriores, este livro com certeza é para você. Se respondeu "sim" para a maior parte delas, é bem provável que este livro possa ajudá-lo.

Mas, se respondeu "não" para a maioria das questões, e respondeu honestamente, é provável que este livro não faça sentido para você, ao menos em seu contexto atual. Então, fica a seu critério investir seu tempo para se capacitar agora ou deixar para fazer isso quando o contexto impuser essa necessidade.

Neste livro, você aprenderá:

- como desenhar a proposta de valor com o uso de um canvas;
- como definir um modelo de negócios também com o uso de um canvas;
- como fazer o encaixe entre o canvas de modelo de negócios e o da proposta de valor;
- como aprimorar um modelo de negócios existente juntamente com a proposta de valor ou revendo os demais elementos do modelo;
- quais são as formas de divulgação da proposta de valor para os clientes e para o mercado.

O tema central do livro é a criação de propostas de valor que sejam, ao mesmo tempo, desejáveis pelos clientes e viáveis para a empresa. Essa combinação, apesar de parecer óbvia, nem sempre é facilmente alcançada e mantida.

Ao longo do livro, são apresentados diversos conceitos, seguidos sempre de exemplos e complementados com exercícios e reflexões.

No Capítulo 1, são discutidos conceitos fundamentais sobre inovação, que servem como motivação para estudar o tema da proposta de valor.

No Capítulo 2, é apresentado o canvas da proposta de valor, com orientações de como elaborar, avaliar e testar esse canvas.

No Capítulo 3, é descrita a vinculação do canvas da proposta de valor, que tem como foco a desejabilidade, com o modelo de negócios, que tem como centro a questão da viabilidade do negócio.

Para auxiliar na prática da elaboração da proposta de valor, o Capítulo 4 traz um conjunto de dicas e orientações.

Na última parte do livro, o Capítulo 5, são apresentadas técnicas criativas para quem quer se aprofundar na criação de propostas de valor de sucesso.

Para que você aproveite este livro de forma que ele faça a diferença em sua atuação como empreendedor, gestor ou membro de uma organização, seguem algumas dicas:

1. **Tenha foco** – A falácia do potencial multitarefa nada contribui para a evolução e o aprendizado. Ao tentar realizar várias coisas ao mesmo tempo, é pouco provável que todas sejam bem-feitas.

2. **Faça pausas para refletir sobre o aprendizado** – Uma noite de incubação após um trecho complexo pode ajudar muito no entendimento do texto. Já a sobrecarga cognitiva impede que a informação se converta em conhecimento. Por isso, depois de ler um trecho que considerou complexo, dê uma pausa para refletir.

3. **Discuta o que ler com outras pessoas** – Quando você comenta o que aprendeu com outras pessoas, além de disseminar o conhecimento, reforça o próprio entendimento sobre o tema. Afinal, tudo o que será discutido neste livro é aplicável ao mundo real, e as pessoas com quem você convive podem até ser o objeto de seus esforços em entregar uma proposta de valor de sucesso.

4. **Aplique o que aprender assim que possível** – No trabalho, em casa, de forma simulada, a prática transforma conhecimento em habilidade. Uma aplicação "de bancada" ou um teste em um projeto pessoal pode fazer a diferença no aprendizado.
5. **Busque fontes complementares** – Há fontes de informação inesgotáveis sobre os temas tratados aqui. Cabe a cada um saber selecioná-las para continuar na trilha de aprendizagem. Um bom começo são as referências bibliográficas citadas neste livro.
6. **Releia os pontos que não ficarem claros** – Mesmo o texto escrito pelo mais talentoso escritor pode exigir duas ou mais leituras, principalmente quando se está absorvendo um conhecimento novo. Não deixe a pressa afetar a qualidade de seu aprendizado. Reler um texto mais de uma vez até entender é sinal de sabedoria, não de fraqueza.

Como aproveitar ao máximo este livro

Este livro traz alguns recursos que visam enriquecer seu aprendizado, facilitar a compreensão dos conteúdos e tornar a leitura mais dinâmica. São ferramentas projetadas de acordo com a natureza dos temas que vamos examinar. Veja a seguir como esses recursos se encontram distribuídos no decorrer desta obra.

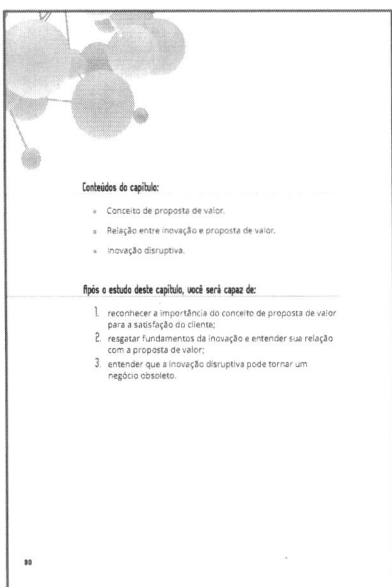

Conteúdos do capítulo
Logo na abertura do capítulo, relacionamos os conteúdos que nele serão abordados.

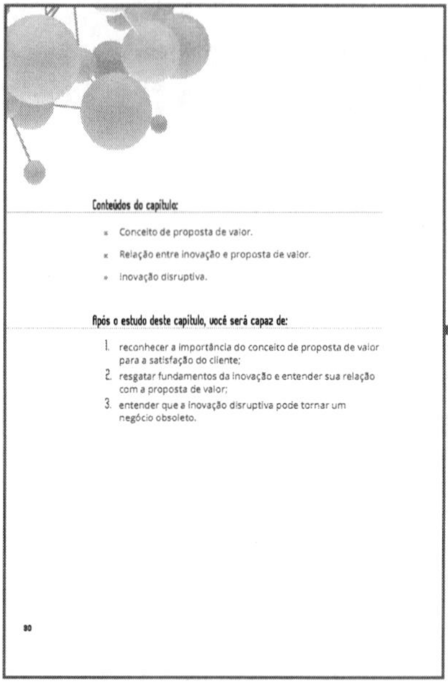

Após o estudo deste capítulo, você será capaz de:

Você também é informado a respeito das competências que vai desenvolver e dos conhecimentos que vai adquirir com o estudo do capítulo.

Exemplo prático

Disponibilizamos, nesta seção, exemplos para ilustrar conceitos e operações descritos ao longo do capítulo, a fim de demonstrar como as noções de análise podem ser aplicadas.

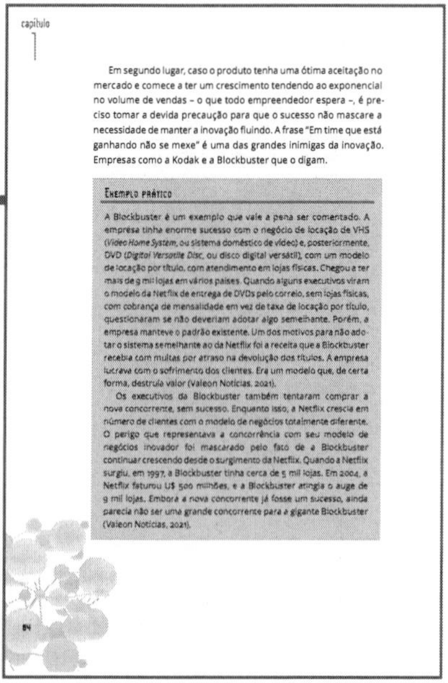

Importante!

Algumas das informações centrais para a compreensão da obra aparecem nesta seção. Aproveite para refletir sobre os conteúdos apresentados.

---

realizações e reconhecimento pelo conhecimento acumulado, e isso pode aumentar a aversão ao risco do fracasso, conforme o pensamento de que, quanto maior a altura, maior a queda.

A inovação é um processo baseado em conhecimento, como explicam Tidd, Bessant e Pavitt (2008), e esse conhecimento pode ser obtido de várias formas, seja pela experiência prática e pela experimentação, seja pela formação acadêmica e pela pesquisa científica. Cabe aos profissionais e às lideranças encontrar meios de equilibrar o conhecimento acumulado detido pelos *experts* nos mais diversos campos com a mentalidade de iniciante que permite o questionamento de tudo aquilo que é consolidado. É a manifestação da insatisfação construtiva.

Importante!

A inovação exige a combinação de pessoas, processos e tecnologias, e as pessoas contribuem mais para a inovação quando convivem em uma cultura favorável à experimentação, à colaboração e à empatia com o cliente.

1.3 A importância da diversidade e da inclusão para a inovação

Você já ouviu falar de casos de produtos que não funcionavam para pessoas com determinadas características?

Circulam vários relatos nas redes sociais de torneiras e *dispensers* (dispensadores) automáticos de sabonetes com falha no funcionamento somente para pessoas com pele escura. Esses equipamentos usam sensores que emitem um feixe de luz que é refletido e detectado por um sensor, e para a pele escura a reflexão da luz é insuficiente para ativar o sensor de presença (Fussel, 2017).

---

a solução. A viabilidade fica para o modelo de negócios. A proposta de valor é "o que" fazer para atender às necessidades e aos desejos do cliente. O modelo de negócios define o "como" fazer.

Outra forma de avaliar a proposta de valor é compará-la com a da concorrência. Isso pode ser feito criando-se uma matriz para pontuar como cada proposta de valor atende a diferentes critérios, e as dez perguntas podem ser o ponto de partida. Um detalhe é que, para comparar duas propostas de valor concorrentes, é preciso que o segmento de clientes seja o mesmo. Por outro lado, a comparação entre propostas de valor pode ser feita comparando-se tipos de soluções bastante diferentes. O curso de inglês para a terceira idade pode ser comparado com um grupo de socialização, pois ambos focam o convívio ativo de idosos.

O fato de se comparar a proposta de valor com as da concorrência não significa que é necessário buscar igualar ou superar todos os aspectos. Pode ser que a proposta de valor seja inferior à proposta da concorrência em um ou mais aspectos e mesmo assim ainda ser desejada pelos clientes. Um restaurante de *fast food* perde em termos de sabor, qualidade nutricional e *status* para um restaurante com serviço *à la carte* conceituado, mas ganha em preço e rapidez de atendimento.

Preste atenção!

A empresa deve fazer muitas perguntas, mas não deve satisfazer-se com as primeiras respostas. É preciso questionar:
- Por quê?
- Por que não?
- E se...?

Preste atenção!

Apresentamos informações complementares a respeito do assunto que está sendo tratado.

capítulo
1

Estudo de caso

Vamos exemplificar a influência da cultura na inovação com um caso ocorrido na área de manutenção industrial. Uma máquina tinha algumas peças plásticas que se desgastavam com rapidez, e o estoque de peças sobressalentes já estava bem baixo. Para comprar novas peças, seria preciso importá-las do Japão, com prazo de entrega de várias semanas. Desenvolver um fornecedor local era difícil, pois havia limitação de orçamento. Ademais, na época não havia impressão em 3D disponível e, como a máquina estava na garantia do fabricante, certas modificações não podiam ser realizadas. Estávamos discutindo opções, entre engenheiros e um técnico de manutenção mecânica. Eu era o mais novo na área, tendo sido transferido para o setor há poucos meses. Perguntei, então, se a peça não poderia ser feita de madeira, já que a geometria não era muito complexa e não havia muita exigência em termos de resistência mecânica. O outro engenheiro me respondeu: "Eu havia pensado nisso há semanas, mas fiquei com vergonha de sugerir".

A peça foi produzida com madeira de paletes e pintada na mesma cor da peça original, funcionando perfeitamente por semanas. Nem mesmo os engenheiros do fabricante, ao visitarem nossas instalações, notaram que a peça estava instalada na máquina, pois havíamos esquecido de substituí-la pela original. A ideia, considerada inicialmente absurda, imediatamente descartada pelo colega que temia o julgamento dos pares, mostrou-se viável.

Esse exemplo nos traz duas lições. Em primeiro lugar, é preciso entender que uma ideia não externada não tem valor algum. Em segundo lugar, muitas pessoas têm mais medo de serem ridicularizadas do que vontade de fazer algo novo e promissor. Essa segunda constatação nos remete ao conceito de "pensamento de iniciante". Alguém que está pouco familiarizado com algo tem maior probabilidade de "falar bobagem", o que no ambiente empresarial pode ser o ponto de partida para uma inovação. Tal *mindset* é diametralmente oposto ao do *expert*, pois o especialista tem todo um histórico de

Estudo de caso

Nesta seção, relatamos situações reais ou fictícias que articulam a perspectiva teórica e o contexto prático da área de conhecimento ou do campo profissional em foco com o propósito de levá-lo a analisar tais problemáticas e a buscar soluções.

Para saber mais

Sugerimos a leitura de diferentes conteúdos digitais e impressos para que você aprofunde sua aprendizagem e siga buscando conhecimento.

Para saber mais

Sugerimos a leitura do texto indicado a seguir:

SANTOS, M. Saiba o que é e como implementar a metodologia OKR. Sebrae, 17 jul. 2015. Disponível em: <https://sebrae.com.br/sites/PortalSebrae/artigos/artigoshome/gestao-de-metas-como-implementar-a-metodologia-okr,a678750380a9e410VgnVCM1000003b74010aRCRD>. Acesso em: 15 dez. 2023.

5.9 Utilização dos padrões de modelos de negócios para inovar

Além de todas as ferramentas discutidas neste livro, para uma empresa que pretenda inovar seu modelo de negócios há outras fontes de conhecimento importantes. No livro *Empresa invencível*, Osterwalder et al. (2021) dissecam modelos de negócios para empresas que operam no modelo desbravar, ou seja, que estão em busca de um modelo de negócios para escalar, e no modo explorar, ou seja, que já têm um modelo de negócios consolidado para tirar proveito.

Para cada uma das realidades da empresa, os referidos autores apresentam dois padrões de inovação de modelo de negócios:

1. padrões inventivos – para o modo desbravar;
2. padrões transformadores – para o modo explorar.

Os padrões inventivos servem para gerar inovação de ruptura no modelo de negócios e podem atuar em diferentes blocos. Na sequência, apresentaremos um resumo apenas dos padrões inventivos propostos Osterwalder et al. (2021).

Os padrões exploradores de mercado servem para criar, liberar ou destravar mercados novos, inexplorados e mal atendidos. Para

Síntese

Ao final de cada capítulo, relacionamos as principais informações nele abordadas a fim de que você avalie as conclusões a que chegou, confirmando-as ou redefinindo-as.

> Algumas empresas hoje de grande sucesso pivotaram em algum momento. A Nike distribuía sapatos para uma empresa japonesa e fez uma pivotagem do tipo "necessidade do cliente", passando a projetar e fabricar os próprios modelos. O YouTube nasceu com uma plataforma de encontros por vídeo e não deu certo, então pivotou para uma plataforma de compartilhamento de conteúdo. Já a Honda fez a pivotagem do tipo *"zoom in"*. Como não fez sucesso ao chegar aos Estados Unidos da América (EUA) com motos de passeio, focou o público entusiasta dos esportes radicais.
>
> Nos próximos capítulos, acompanhe nossa discussão para verificar ferramentas aplicáveis tanto para novos empreendimentos, que incluem as *startups*, como para empresas de base estabelecida que precisam da inovação para capturar oportunidades e reagir às ameaças identificadas.
>
> ### Síntese
>
> Veja a seguir um resumo dos principais conceitos estudados neste capítulo:
>
> - Do ponto de vista do cliente, o valor é uma comparação entre os benefícios percebidos e os esforços que o cliente exerce para obtê-los. O que o cliente adquire não é o bem ou serviço, mas uma proposta de valor.
> - Inovação não é só gerar ideias. É preciso executar e dar resultado, por isso a "equação": inovação = ideias + execução + resultado.
> - Para que uma inovação seja viável, é necessário que ela tenha sucesso em três dimensões: desejabilidade, praticabilidade e viabilidade.
> - Os tipos de inovação são: de produto, de processo, organizacional, de *marketing* e de modelo de negócio. Este último tipo será discutido amplamente neste livro.

> capítulo
> 1
>
> - A empresa não precisa andar sozinha na jornada da inovação, podendo adotar práticas de inovação aberta e aproveitar competências complementares de parceiros.
> - É preciso trabalhar na cultura da inovação, para que todos entendam a necessidade de a empresa inovar, garantindo um ambiente interno favorável.
> - A diversidade dos clientes tem de estar alinhada com a garantia e o respeito à diversidade nas empresas.
>
> ### Questões para revisão
>
> 1. Além da inovação de produto, quais outros possíveis tipos de inovação foram abordados neste capítulo?
> 2. O que diferencia uma empresa iniciante de pequeno porte tradicional de uma *startup*, em termos de modelo de negócio e perspectivas futuras?
> 3. Assinale a alternativa que apresenta uma inovação considerada disruptiva:
>   a) O primeiro *smartphone* com câmera tripla.
>   b) O vídeo sob demanda para *download* (Netflix e similares).
>   c) O primeiro veículo a álcool.
>   d) O lápis ecológico.
>   e) O aparelho de barbear descartável de três lâminas.

Questões para revisão

Ao realizar estas atividades, você poderá rever os principais conceitos analisados. Ao final do livro, disponibilizamos as respostas às questões para a verificação de sua aprendizagem.

Questões para reflexão

Ao proporemos estas questões, pretendemos estimular sua reflexão crítica sobre temas que ampliam a discussão dos conteúdos tratados no capítulo, contemplando ideias e experiências que podem ser compartilhadas com seus pares.

capítulo
1

Questões para reflexão

1. Você acredita que qualquer ramo de negócio está sujeito a ser afetado por inovações disruptivas? Ou será que existe algum segmento imune a uma nova tecnologia que o torne obsoleto? Quais as inovações disruptivas que ameaçam as empresas nas quais você e seus familiares trabalham ou das quais são consumidores?

2. Converse com as pessoas ao seu redor e pergunte quais são as empresas que elas consideram mais inovadoras. O que há em comum entre essas empresas?

3. Pense em uma empresa que você conheça. Pode ser a empresa em que atua ou já tenha atuado, ou uma empresa da qual seja cliente. Como essa empresa poderia fazer uso da inovação aberta? A quais parceiros externos ela poderia recorrer?

Introdução

É provável que o leitor deste livro atue em um negócio de alguma forma, como proprietário, sócio ou empregado de uma empresa. Pode ser também que esteja planejando iniciar um novo empreendimento. Seja qual for o caso, pensar e repensar as melhores formas de entregar o que os clientes necessitam e desejam é fundamental, e isso passa obrigatoriamente pelo desenvolvimento da proposta de valor.

A efetividade da proposta de valor e a viabilidade do modelo de negócios estão diretamente relacionadas com a sobrevivência do negócio, que é algo crítico nos novos empreendimentos. De acordo com um estudo realizado pelo Serviço Brasileiro de Apoio às Micro e Pequenas Empresas (Sebrae, 2023), com dados coletados em campo, a taxa de mortalidade de empresas nos primeiros 5 anos é de 29% para MEI (Microempreendedor Individual) e 21,6% para ME (Microempresa). Ademais, em grande parte, as que sobrevivem aos primeiros 5 anos passam por muitas dificuldades, mantendo-se em funcionamento por falta de opção dos proprietários.

Entre as causas para a mortalidade precoce de empreendimentos, segundo o mesmo estudo, está o pouco preparo pessoal, sendo que apenas 42% dos entrevistados fizeram "alguma" capacitação – o que é muito vago, perceba, mas deixa claro que a sobrevivência do negócio passa por capacitação, atualização e preparo nos aspectos específicos do negócio e nos assuntos da gestão que são essenciais para o sucesso empresarial. Não basta para o empreendedor e o colaborador de uma organização ter vontade e disposição para o *hardworking**; é preciso combinar essas atitudes proativas com a incorporação de novos conhecimentos e o desenvolvimento de habilidades. É disso que este livro trata.

---

* *Hardworking*: trabalho duro, esforço para atingir os resultados.

Entre as formas de se capacitar, a leitura de livros de gestão, o acompanhamento de blogues e *sites* e a participação em cursos podem, juntamente com a experiência prática e outras formas de ampliação da base de conhecimento, servir para aumentar as competências do empreendedor e de suas equipes. As ferramentas apresentadas neste livro não são tão simples de utilizar como o formato visual delas sugere e exigem prática e disposição para ir a campo e coletar informações, bem como para fugir do pensamento linear que prevê o avanço em um projeto passo a passo sem retrocesso, já que a inovação ocorre de forma iterativa.

Neste livro, você aprenderá a utilizar duas ferramentas importantes para o empreendedor ou intraempreendedor* que busca inovar: o canvas da proposta de valor e o canvas do modelo de negócios. Mas verá também que, para aplicar com efetividade essas ferramentas, talvez seja interessante combiná-las com outras. Dependendo da forma como você fizer uso deste livro, sua "caixa de ferramentas" para desenvolvimento e gestão da inovação com certeza ficará mais completa.

E atenção para um "aviso de *spoiler***": as ferramentas apresentadas neste livro exigem a prática do *get out of the building* (sair do prédio), ou seja, ir a campo para falar com o cliente existente ou desejado, conversar, observar, coletar *insights****. Afinal, a inovação é produzida por pessoas para pessoas. O desenvolvimento da inovação passa por um processo centrado no ser humano. A má notícia é que não dá para desenvolver a proposta de valor nem o modelo de negócios apenas sentado confortavelmente em um escritório e

---

* Intraemprendedor: pessoa que se automotiva para inovar e gerar novos negócios para a empresa.

** *Spoiler*: expressão comumente usada por profissionais das mídias e artes visuais que significa adiantar informações relevantes sobre algo que o leitor ainda não viu.

*** *Insight*: revelação de algo que ainda não era compreendido, normalmente fruto de observação, e que gera pensamentos como "Não sei como não tinha percebido isso antes!".

deixando a criatividade fluir. Há muito trabalho de campo a ser feito, muito suor, mas não necessariamente lágrimas.

Com a leitura deste livro, você terá a "oportunidade" de fazer evoluir sua competência para entregar bens e serviços que sejam desejáveis pelos clientes e diferenciados em relação àquilo que a concorrência oferta, na forma de uma proposta de valor alinhada com um modelo de negócios viável. As aspas no termo *oportunidade* significam que seu aprendizado dependerá do quanto você vai se dedicar à leitura, à reflexão e à aplicação do que é apresentado e discutido neste livro.

Bom estudo e boas práticas!

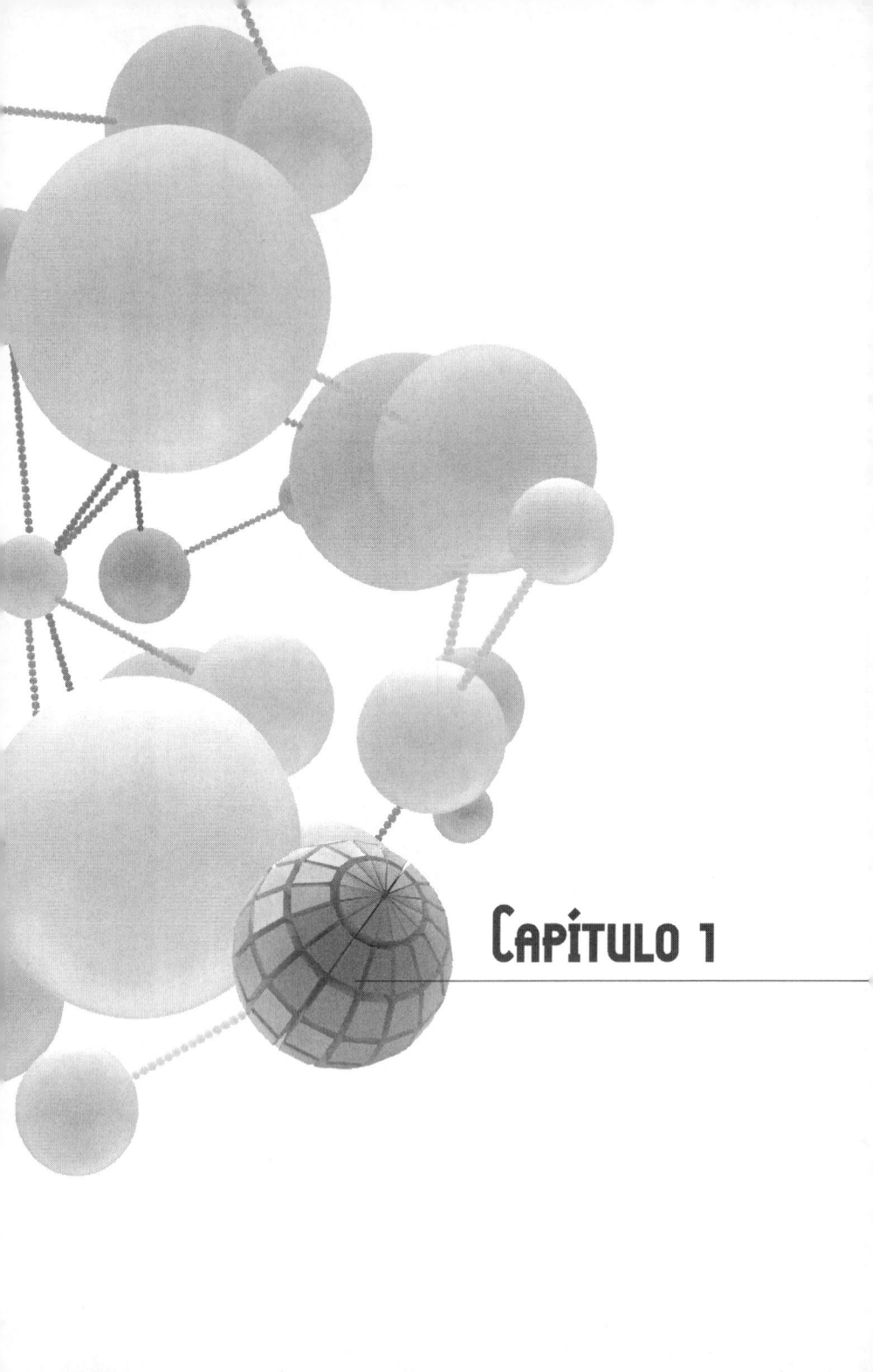

Capítulo 1

O conceito de valor e a importância da inovação

Conteúdos do capítulo:

- Conceito de proposta de valor.
- Relação entre inovação e proposta de valor.
- Inovação disruptiva.

Após o estudo deste capítulo, você será capaz de:

1. reconhecer a importância do conceito de proposta de valor para a satisfação do cliente;
2. resgatar fundamentos da inovação e entender sua relação com a proposta de valor;
3. entender que a inovação disruptiva pode tornar um negócio obsoleto.

1.1 O que é proposta de valor

Para compreender a proposta de valor, é preciso antes entender o conceito de valor que adotaremos neste livro. Embora a palavra *valor* seja usada comumente em nosso dia a dia, o valor que discutiremos é uma relação entre benefício e esforço que o cliente percebe. Poderíamos, então, criar uma fórmula do valor para ilustrar o conceito, obviamente sem a pretensão do rigor matemático:

$$valor = \frac{benefício}{esforço}$$

Tudo o que o cliente percebe como benefício consta no numerador; nesse caso, quanto maior, melhor. Tudo o que o cliente percebe como esforço aparece no denominador; nesse caso, quanto menor, melhor.

Pense em duas cafeterias, localizadas lado a lado. Ambas vendem produtos similares: cafés de diferentes tipos e alguns itens de alimentação salgados e doces. Você passa sempre em frente dessas duas cafeterias, pode ser até que as frequente, mas facilmente percebe que uma delas está sempre movimentada, com boa ocupação das mesas e do balcão, enquanto a outra está relativamente vazia. E, ainda por cima, os preços são similares. Então, qual é a diferença?

É bem provável que a diferença seja encontrada em uma análise do valor percebido pelos clientes que já frequentaram ambas as cafeterias e escolheram a oferta de maior valor.

Vejamos, no quadro a seguir, os componentes de uma avaliação de valor percebido pelos clientes de uma cafeteria.

Quadro 1.1 – Exemplos de benefícios e esforços dentro do conceito de valor

Benefícios	Sabor do café Conforto do local Ambiente agradável Atendimento cordial
Esforços	Preço a pagar Acesso ao local Fila no caixa para pagar o pedido Espera pelo atendimento

Veremos adiante que, na definição de uma proposta de valor, os esforços podem originar "dores" para o cliente e a proposta de valor pode atuar como uma forma de aliviar essas dificuldades. Veremos também que os benefícios que se destacam são percebidos como ganhos pelo cliente, os quais, se compreendidos, podem ser também incorporados na proposta de valor.

É importante também ressaltar que o valor só faz sentido se tratado a partir da ótica do cliente. O valor é percebido pelo cliente, e essa percepção pode variar ao longo do tempo. Algo que o cliente valoriza hoje e considera um diferencial perde o caráter de novidade e tem o valor relativo reduzido depois de certo tempo. Daí a importância de se prover a inovação como forma de renovar a percepção do valor pelo cliente.

No quadro a seguir constam mais alguns exemplos de benefícios e esforços em diferentes segmentos.

Quadro 1.2 – Exemplos de benefícios e esforços dentro do conceito de valor

PRODUTO	APLICATIVO PARA SMARTPHONE	PLATAFORMA DE SEGURO AUTOMOTIVO	AGÊNCIA BANCÁRIA FÍSICA
Benefícios	Facilidade de uso, atendimento ao usuário, possibilidade de se conectar com amigos.	Facilidade de adesão, rapidez no atendimento, atendimento por inteligência artificial 24 horas por dia.	Cordialidade no atendimento, confiança nos profissionais do banco, prestígio social.
Esforços	Preço de aquisição, curva de aprendizagem das funções.	Mensalidade, dificuldade de atendimento por humanos.	Tempo de atendimento, deslocamento até a agência.

A partir do reconhecimento de que o principal objetivo de uma empresa, sua razão de existir, é entregar valor para os clientes, a gestão deve atuar para eliminar todos os fatores que destroem valor e reforçar tudo aquilo que adiciona valor para o cliente. Mas, antes disso, é preciso definir um perfil de cliente para o qual será desenhada a proposta de valor.

Nem todo cliente percebe a proposta de valor da mesma forma. Se voltarmos ao exemplo da cafeteria, concluiremos que um executivo que trabalha em um escritório próximo e vai até a cafeteria para aproveitar alguns poucos minutos de intervalo entre reuniões tem necessidades e expectativas bem diferentes daquelas de um casal que está fazendo turismo e parou para uma refeição no meio da tarde. Um dos principais benefícios que o executivo espera é a rapidez no atendimento. Já o casal de turistas provavelmente valorizará mais o conforto do ambiente e a variedade de escolha de itens de alimentação.

E a discussão vai além. Um mesmo cliente, em um mesmo estabelecimento, pode valorizar itens da proposta de valor de formas diferentes, dependendo do contexto. Um estudante de uma universidade que frequenta sempre a mesma cafeteria no intervalo entre as aulas da tarde valoriza mais o benefício da rapidez no atendimento do que ao retornar após as aulas, no final da tarde, para uma refeição mais demorada, quando pode aproveitar os livros e as revistas disponibilizados gratuitamente pelo estabelecimento – se é que ainda existe alguém com esse perfil – e, obviamente, a internet grátis.

Podemos elencar, assim, alguns pontos sobre a proposta de valor:

- É preciso definir o cliente para quem se oferece a proposta de valor.
- Só há valor quando ele é percebido pelo cliente.
- Não basta apenas oferecer benefícios, é preciso minimizar os esforços.
- Os itens que compõem a proposta de valor afetam os clientes de formas diferentes.
- O contexto pode afetar a proposta de valor.

Algumas empresas incluem na página inicial dos *sites* institucionais a proposta de valor. Alguns exemplos são mostrados no quadro a seguir.

Quadro 1.3 – Exemplos de propostas de valor apresentadas em *sites* de empresas

Segmento	Proposta de valor
Fornecedor de peças para máquinas	Contribuímos para garantir a produtividade das instalações industriais de nossos clientes, entregando componentes de alto desempenho e confiáveis.
Consultoria para médias empresas	Nosso propósito é dar acesso a serviços de consultoria de alto valor para que empresas de médio porte sejam competitivas, com foco no incremento das competências empresariais e individuais, por meio de capacitação, acompanhamento e mentoria.
Sistemas de gestão de vários segmentos	Para garantir que cada empresa foque o próprio negócio, reduzindo o esforço em atividades de suporte, criamos e damos suporte para sistemas de gestão confiáveis e de fácil instalação e utilização.

(continua)

(Quadro 1.3 – conclusão)

Segmento	Proposta de valor
Hotelaria	Proporcionamos aos nossos clientes uma experiência única de hospedagem, com conforto, boa gastronomia e atendimento de excelência.

Os exemplos do quadro servem para demonstrar que empresas de diferentes segmentos se preocupam com a proposta de valor e a incluem como componente fundamental de *marketing*. Mas a definição e a gestão da proposta de valor vão muito além de criar um texto engajador. Trata-se muito mais do fazer do que do descrever. Se fosse necessário apenas descrever em um texto a proposta de valor, você com certeza não precisaria ler este livro.

1.2 A inovação como resultado da busca pela entrega de valor

Só faz sentido discutir sobre a proposta de valor, sobre sua concepção e aprimoramento, se acreditarmos em um contexto de busca da inovação, com um *mindset* (modelo mental) alinhado com o entendimento de que a inovação é uma fonte inesgotável de busca de vantagem competitiva. Mas por que uma "fonte inesgotável"? É isso mesmo. Tidd, Bessant e Pavitt (2008) afirmam que empresas que se destacam, quando analisadas, têm a inovação como ponto em comum, diferentemente do que acontecia no passado, quando fatores competitivos como tamanho ou patrimônio eram mais importantes. A inovação é a resposta para reagir às mudanças no mercado, que incluem mudanças nas preferências dos clientes e nas ofertas da concorrência, e uma ótima estratégia para se antecipar a essas mudanças.

A inovação é como uma perturbação que ocorre em um determinado contexto, uma contestação dos padrões atuais. Pode ser uma perturbação suave, uma inovação incremental ou uma mudança brusca, uma inovação radical – uma pedra em um lago causando uma pequena ondulação ou um tsunâmi. Em ambos os casos, é preciso haver novidade e impacto. Há muitas novas tecnologias, produtos totalmente diferenciados que não vendem ou vendem muito menos do que o esperado. Falta, portanto, o impacto. Assim, não são efetivamente inovações se não geram uma percepção de valor para um número significativo de clientes.

Esses movimentos reativos ou proativos que a inovação proporciona se baseiam em oportunidades infinitas. Sempre é possível aprimorar produtos, processos, formas de organizar a empresa, maneiras de se relacionar com o cliente, mesmo que sutilmente.

Mas, mesmo que a temática *inovação* já tenha sido discutida, e até mesmo dissecada, em centenas de livros e milhares de artigos científicos, há ainda quem se concentre demais nas ideias, no ponto de partida da inovação e chegue à fase de implementação sem o mesmo "gás". Há pessoas que são brilhantes na fase de ideação, que têm um bom desempenho no projeto até a fase de criar algo com aparente desejabilidade. Porém, quando é preciso começar a convergir para algo com viabilidade, sair das ideias para "colocar a mão na massa", esses "ideativos" se escondem, fogem de alguma forma, e alguns chegam até mesmo a ficar doentes, pois a execução já não os atrai e até mesmo lhes causa ansiedade e repulsa. Por isso, nunca é demais lembrar que a inovação tem duas partes, que podem ser representadas pela "equação" proposta por Govindarajan e Trimble (2010):

$$inovação = ideias + execução$$

Podemos incluir ainda um terceiro fator, além das ideias e da execução: o resultado! Não há como falar em inovação se ela não gerar valor para alguém – e, se for o caso de uma empresa com fins lucrativos, o resultado do lado da empresa deverá ser o lucro e outros resultados indicativos de sucesso empresarial. Podemos, então, propor uma outra "equação" para a inovação, que explicita todos os elementos:

> inovação = ideias + execução + resultado

Mais uma vez, ressaltamos que se trata de uma equação simbólica, sem a pretensão de permitir qualquer uso matemático. Afirmamos isso porque certa vez perguntaram ao autor deste livro se o sinal de soma não deveria ser de multiplicação, pois assim ficaria claro que, se qualquer dos fatores fosse zero, a inovação, sendo o produto, seria zero também. A resposta dada foi que o argumento fazia sentido, mas na forma de uma soma a equação fica mais elegante. E, assim como em uma inovação, a beleza e a elegância contam.

O importante é deixar claro que ótimas ideias não implementadas não geram inovação, assim como uma execução perfeita de ideias geniais sem resultado prático também não é inovação. Podemos tomar como exemplos produtos que foram lançados no mercado e "floparam", como o Newton da Apple, um dispositivo *touch* (de toque) que teve vendas pífias (Oliveira, 2013). O mesmo autor cita o caso do Amazon Fire Phone, lançado em 2014 como uma tentativa de a Amazon ingressar no mercado de *smartphones*, que vendeu apenas 35 mil unidades e teve as vendas descontinuadas no ano seguinte (Oliveira, 2013).

Em resumo, é preciso que toda proposta de inovação gere hipóteses para serem confirmadas em três dimensões:

1. **Desejabilidade** – As pessoas querem.
2. **Praticabilidade** – A empresa domina a técnica e tem acesso aos recursos necessários.
3. **Viabilidade** – É possível escalar em um negócio sustentável.

A inovação ocorre no espaço do encontro entre as três formas de viabilidade, conforme demonstrado na figura a seguir.

Figura 1.1 – O espaço da inovação no encontro das três viabilidades

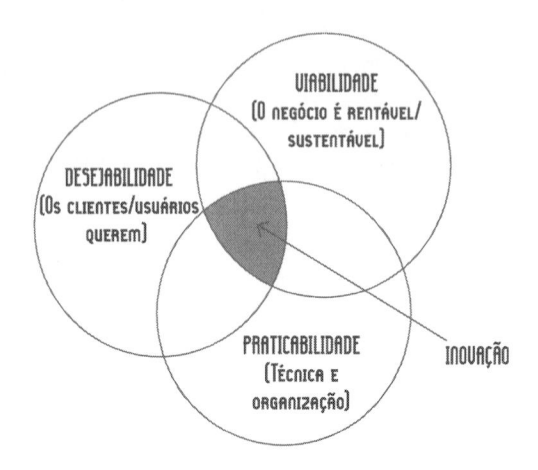

- VIABILIDADE (O negócio é rentável/sustentável)
- DESEJABILIDADE (Os clientes/usuários querem)
- PRATICABILIDADE (Técnica e organização)
- INOVAÇÃO

Fonte: Elaborado com base em Brown, 2010.

Nunca é demais lembrar que, para algo ser uma inovação, não é necessário que ele seja totalmente novo. Toda inovação parte de algo anterior e não é preciso que se trate de algo totalmente inédito para o mundo, podendo ser uma inovação para o mercado ou setor (Orofino, 2021).

Agora vamos pensar na percepção do valor ao longo do tempo. Voltemos ao exemplo da cafeteria que foi citado no início deste capítulo. Pense em uma cafeteria que você aprecie. Os produtos são saborosos, o atendimento é cordial, o ambiente é aconchegante e os preços são de acordo com a média do mercado. Parece a receita do sucesso! Tudo que um cliente quer no mesmo lugar! Consegue imaginar algum motivo para você passar a frequentar outra cafeteria próxima? A princípio, não, pois o valor percebido é alto – há uma ótima relação entre esforço e benefício.

Contudo, certo dia você aceita um convite de um amigo e vai à cafeteria localizada no outro lado da rua. Produto, ambiente e atendimento igualmente de qualidade. Preços maiores na maioria dos produtos, mas... há alguns diferenciais. Há uma grande variedade de tipos de café, de vários países. Por meio de QR Codes (códigos de barras bidimensionais), você tem informações sobre o local das plantações de café em texto ou vídeo.

Há ainda outras novidades. Você pode fazer o pedido com antecedência usando um aplicativo. O pedido é enviado automaticamente para a cozinha, após sua confirmação, quando o sistema identifica que você está próximo à loja, baseado em sua localização. Há também a opção de pagamento diretamente pelo seu celular, sem a necessidade de fila nem espera.

Por fim, há um sistema de fidelização no qual você soma pontos de acordo com seus gastos, podendo trocá-los por produtos. Todos esses diferenciais o atraem e, mesmo sendo até então um cliente fiel, você deixa de frequentar a antiga cafeteria e passa a ser cliente da nova, aumentando até mesmo a frequência e a média de consumo. Nesse exemplo, há um maior valor percebido, pois há mais benefícios e, ao mesmo tempo, redução de esforços:

- **Benefícios adicionais** – maior variedade de opções, informações sobre outras culturas, experiência de usuário aprimorada.

- **Esforços a menos** – sem tempo de espera para pagamento, sem filas no caixa, pagamento facilitado.

Esse exemplo mostra que o valor percebido se deteriora com o tempo, por causa de perda da novidade, novas opções da concorrência ou outro motivo – a não ser que se injete valor, por meio de novos benefícios ou redução de esforços. E essa injeção de valor se faz por meio da inovação. O exemplo indica também que, na condição de clientes, estamos sempre comparando as propostas de duas ou mais opções, buscando sempre a melhor relação entre benefícios e esforços, isto é, o maior valor.

1.2.1 Tipos de inovação

Conforme o objetivo deste livro, outra questão que vale a pena ser mencionada é a classificação que identifica tipos de inovação. Podemos classificar a inovação de várias maneiras, mas uma forma bastante usual consiste em considerar o contexto de aplicação da inovação:

- **Inovação de produto** – Bens e serviços novos ou significativamente diferenciados das demais opções disponíveis. A máquina fotográfica digital foi uma inovação de produto que abalou o mercado de imagens dominado pelos fabricantes de máquinas fotográficas e filmes para revelação.
- **Inovação de processo** – Formas de produzir bens e serviços com novas soluções para redução de custos, melhoria da qualidade, redução de prazos ou aumento da flexibilidade. A impressão em 3D (três dimensões) vem revolucionando a manufatura em vários segmentos, incluindo a construção civil.
- **Inovação organizacional** – Novas maneiras de organizar a empresa como um todo ou em partes, incluindo estrutura, forma de gestão e relação entre empresa e colaboradores. Os centros de serviço compartilhados permitiram a racionalização de recursos em empresas de grande porte que contam com unidades distribuídas em várias regiões.
- **Inovação de *marketing*** – Forma de precificação, oferecimento de estratégias de fidelização inovadoras, para atrair novos clientes e reter os atuais. Os chinelos da marca Havaianas eram vendidos em mercados, como opções de baixo custo, e, após o reposicionamento de mercado, passaram a ser oferecidos em eventos e vendidos em *shopping centers*. Os chinelos, agora itens da moda, seguindo o conceito da "gourmetização"*, passaram também a ser oferecidos como brindes em eventos de destaque e a marca passou a patrocinar atletas.

---

* "Gourmetização": alteração de um produto tradicional para viabilizar a venda com preços superiores. Um exemplo popular é o hambúrguer *gourmet*, que chega a ser vendido pelo dobro do preço do tradicional.

Quando olhamos para os tipos de inovação propostos, parece faltar um que hoje é uma das maiores fontes de ruptura em mercados, que precede a definição de um produto, que é anterior ao *design* e à estruturação de processos, que pode antecipar-se até mesmo à existência de uma organização e que pode ainda anteceder a existência de uma base de clientes e um mercado definido. Trata-se da **inovação do modelo de negócios**. Esse tipo de inovação é voltado para a formulação e a revisão contínua do modelo de negócios. O modelo de negócios é uma forma de pensar uma empresa, ou qualquer outro tipo de organização, com base em seus principais elementos, em uma visão com certo nível de *zoom* (aproximação) reduzido – uma visão simplificada do negócio – que permite uma posterior visão ampliada e detalhada. Osterwalder e Pigneur (2011) propuseram um canvas* de modelo de negócios, conforme indicado na figura a seguir.

Figura 1.2 – Canvas do modelo de negócios

PARCERIAS PRINCIPAIS	ATIVIDADES PRINCIPAIS	PROPOSTA DE VALOR	RELACIONAMENTO COM CLIENTES	SEGMENTO DE CLIENTES
	Como?			
	RECURSOS PRINCIPAIS	O QUE?	CANAIS	Para quem?
ESTRUTURA DE CUSTOS		FONTES DE RECEITA		
		Quanto?		

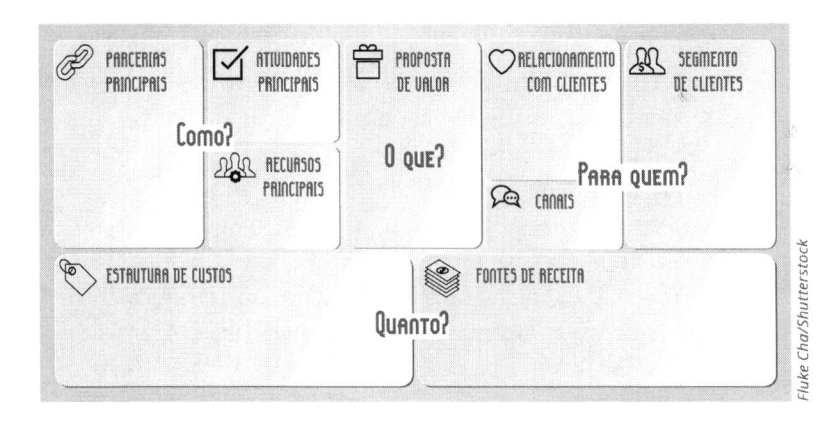

Fluke Cha/Shutterstock

Não se preocupe, pois veremos posteriormente cada uma das partes do canvas da proposta de valor e como preenchê-lo. Mas

---

* Canvas: modelo ou mapa visual, físico ou digital, normalmente formado por blocos e quadrantes contendo as principais informações sobre uma estrutura ou planejamento.

você já pode perceber que o modelo de negócios, representado na figura pelo respectivo canvas, contempla de forma sintética os principais aspectos do negócio. Na parte superior direita constam os aspectos diretamente relacionados com o cliente. Na parte central está a proposta de valor. Na parte esquerda consta o que é preciso fazer para entregar a proposta de valor. Nos dois campos mais abaixo do canvas há elementos para avaliar a viabilidade financeira do negócio: receitas e custos. Observe que não é à toa que a proposta de valor ocupa a posição central no modelo de negócios, já que conecta o que a empresa faz e oferece com quem é o destinatário do valor gerado.

1.2.2 O retorno de investimento da inovação

Quando se pensa no retorno do investimento da inovação, é preciso identificar o contexto que mais se aplica à empresa: **desbravar** ou **explorar**. Se for o caso de uma *startup** que busca por um modelo de negócios escalável, isso significa que ela está no modo desbravar. Se o negócio da empresa está estabelecido, com uma base de clientes consolidada e uma situação financeira estável, a organização opera no modelo explorar. Em ambos os contextos há justificativa e oportunidades para inovar.

Um exemplo é o caso da Uber. Quando foi fundada, em 2010, como um serviço de mobilidade com foco em carros de luxo, tudo era incerteza. Investimento, somente de capital de risco. Era algo que parecia ser altamente promissor, mas com um risco de fracasso proporcional. Naquela época, a Uber operava no modo desbravar – o lucro ainda não era o principal objetivo. Foram quase 10 anos até a empresa reportar o primeiro ano de lucro operacional, em 2021.

---

* *Startup*: empresa emergente (iniciante) que, por ter um modelo de negócios inovador, tem potencial de grande crescimento e lucratividade. Costuma ser uma aposta para investidores de risco e, quando obtém sucesso, garante alto retorno.

No ano de 2023, quando este livro está sendo escrito, a situação é bem diferente. Qual foi a última "grande" inovação que a Uber criou, nos últimos três anos? Difícil vir algo à mente, até porque agora a empresa opera no modo explorar.

Viki (2023) apresenta as principais diferenças entre os modos explorar e aproveitar, conforme quadro a seguir.

Quadro 1.4 – Os modos de inovação desbravar e explorar

Desbravar	Modo	Aproveitar
Criar o novo	← Foco →	Gerenciar o existente
Alta	←Incerteza→	Baixa
Vários pequenos investimentos na busca por conseguir poucos retornos significativos	← Filosofia financeira →	É hora de obter retorno recorrente dos investimentos.
Espaço para a experimentação, projetos com entregas rápidas, aprendizado e flexibilidade para adaptação	← Cultura e processos →	Busca de rentabilização, racionalização de processos e redução de falhas.
Exploradores que são movidos pelo desafio, sem receio de atuar em situações de grande incerteza	← Pessoas e habilidades →	Pessoas com perfil de gestão, com habilidades de planejamento, organização e controle.

Fonte: Viki, 2023, tradução nossa.

Viki (2023) afirma que querer calcular o retorno sobre o investimento de propostas de inovação no modo desbravar é um erro, pois ainda se buscam uma proposta de valor engajadora e um modelo de negócios viável. Já no modo explorar é o momento de a empresa fazer o negócio crescer e se tornar mais lucrativo e já é possível falar em ROI (*return on investment* – retorno sobre investimento) de cada projeto de inovação. No modo desbravar, como o risco de insucesso de um projeto particular é alto, faz mais sentido pensar no retorno sobre investimento no portfólio de projetos de inovação.

capítulo 1

Durante o período desbravar, conforme mostra o Quadro 1.4, a incerteza é alta. Assim, é preciso que se configurem um modelo mental dos empreendedores e uma cultura de inovação que aceitem conviver com alta incerteza e risco de insucesso. Você poderia então pensar: Como operar no modo desbravar em uma empresa já constituída, ainda mais em uma grande empresa, cuja cultura é focada na eficiência? Há algumas possibilidades, entre elas a aquisição da totalidade ou de parte da participação acionária em *startups* e a criação de *spin offs**.

Viki (2023) cita o exemplo do fundo de investimento em negócios emergentes da Bayer, gigante das indústrias química e farmacêutica fundada em 1863. O autor descreve o funil de seleção de projetos no fundo de investimento da Bayer do seguinte modo:

- 400 propostas recebidas;
- 74 projetos selecionados para investimento inicial de 10 mil euros;
- 29 projetos com ideias de negócio validadas com aporte de 90 mil euros;
- 17 projetos com análise de viabilidade favorável com investimento adicional entre 100 e 300 mil euros;
- 60% do retorno total do portfólio** provém de 3 dos 17 projetos.

Note que, à medida que os projetos avançam, o nível de incerteza diminui e a disposição para investimentos aumenta. Considere que, para os primeiros 74 projetos, houve um investimento 740 mil

---

* *Spin off*: empresa com perfil inovador derivada de uma empresa estabelecida, criada de forma que possa operar com uma cultura diversa da empresa mãe. A Pay Pal, empresa de pagamentos eletrônicos, é um exemplo de empresa originalmente mantida pela Ebay, empresa de comércio eletrônico.

** Portfólio: conjunto de projetos, no caso, formado pelos 17 projetos selecionados.

euros, o que resulta em 450 mil euros investidos em projetos que não foram adiante. Esse custo é compensado pelos projetos que chegam à etapa final e proporcionam alto retorno de investimento.

Para algumas empresas, pode ser que esse tipo de discussão esteja muito longe da realidade atual. Pode ser o caso de alguém que esteja ainda pensando em iniciar um negócio ou de um negócio com potencial inovador que esteja em fase preliminar. Porém, o princípio de que é preciso entender se a empresa está na fase de explorar oportunidades ou de aproveitar o sucesso já conquistado vale para qualquer porte de empresa.

1.2.3 A inovação pode vir de fora da empresa

Em algum momento, pode ser que a empresa precise de parceiros externos para a caminhada da inovação, pois o fardo pode ficar muito pesado para a empresa carregar sozinha, principalmente quando for necessário um processo de P&D (pesquisa e desenvolvimento). Pode ser que a inovação fechada, aquela que ocorre apenas com os recursos próprios da empresa, não seja suficiente para dar o passo necessário para se destacar no mercado.

Chesbrough (2012) cita alguns fatores que levaram à erosão da inovação fechada como única alternativa:

- a crescente mobilidade das pessoas altamente capacitadas;
- a maior disseminação do conhecimento técnico e científico, em uma velocidade praticamente impossível de se acompanhar;
- maior presença de capital de risco disponível para investir em propostas com potencial inovador;
- redução cada vez maior do *time to market**, exigindo emprego de técnicas e recursos mais avançados para

---

* *Time to market*: tempo que compreende desde o início de um projeto de desenvolvimento de um produto até sua disponibilidade para comercialização.

garantir essa agilidade. Se antes uma empresa poderia levar dois anos desenvolvendo sozinha algo, hoje pode ser que, decorrido esse tempo, o produto já se torne obsoleto. As novas tecnologias permitem desenvolver em menor tempo, criar protótipos de modo mais rápido e elaborar uma estrutura de relacionamento e canais com muito mais facilidade;

- pulverização da competição ao longo do mundo, podendo surgir um forte competidor de qualquer país, e não mais apenas do eixo América do Norte e Europa. O radar de busca de ameaças competitivas agora tem de ter alcance e sensibilidade muito maiores.

Mas, mesmo que a empresa adote a inovação aberta, isso não significa que o processo de inovação será simplesmente terceirizado. Pelo contrário, a inovação aberta é uma soma de recursos, um aproveitamento parcial do potencial infinito de inovação que existe no mundo, facilitado pelas tecnologias de informação e comunicação digitais. Por isso, não há como fugir do aprimoramento do conhecimento e da habilidade em ferramentas de inovação, e é preciso que a empresa domine os processos iniciais da inovação, que passam pela definição de uma proposta de valor desejável e um modelo de negócios viável.

1.2.4 A cultura da inovação

Para Tidd, Bessant e Pavitt (2008), cultura é um conceito complexo que envolve o compartilhamento de crenças, valores e normas aceitos por um grupo, que moldam seu comportamento. A cultura cria um entendimento compartilhado de como fazer as coisas na empresa, tem efeito em cada indivíduo que compõe a organização e é um referencial para o coletivo.

Terra et al. (2012) afirmam que o ambiente tem forte influência na manifestação do que os autores chamam de *comportamento inovador* e que cabe às lideranças incentivar, por meio da valorização, atos, notícias e comportamentos que demonstrem alinhamento com a cultura da inovação. Os autores citam as seguintes características de ambientes organizacionais favoráveis à inovação:

- estímulo à criatividade;
- humor no ambiente de trabalho;
- espaços de trabalho favoráveis à colaboração e à cocriação;
- uma dose adequada de pressão de tempo – nem pouca para não faltarem desafios nem excessiva a ponto de não haver tempo e energia para a reflexão e a melhoria.

A cultura se constrói com atuação nas pessoas, desde o momento da seleção, passando pelo desenvolvimento durante toda a jornada do colaborador, o que inclui a preocupação com formas adequadas de desligamento que busquem garantir que as pessoas que saiam da empresa levem uma impressão positiva. Sobre a seleção em especial, nem todas as pessoas precisam ter perfil favorável à inovação, mas, se a organização for uma *startup* que respira inovação, uma pessoa avessa à inovação não terá o alinhamento cultural que justifique sua contratação. Isso porque a inovação tem de ser sistêmica, disseminada em toda a organização, pois, se estiver concentrada apenas na área de desenvolvimento, haverá gargalos nas demais áreas que serão dificilmente transpostos.

A cultura de inovação vem ganhando mais relevância em relação à cultura da eficiência, que dominava a gestão, visto que é mais fácil de ser implantada em *startups* e pequenas empresas e mais difícil de ser criada em empresas estabelecidas que viam na eficiência a resposta para o desafio da competitividade. O processo de inovação com certeza não é eficiente, é submerso na incerteza e exige a aceitação da falha como forma de aprendizado. E isso muda totalmente o *mindset* exigido por líderes e liderados. É necessário aceitar a falha como fonte de aprendizado. É preciso acreditar que qualquer ideia vale a pena, mesmo que a pessoa acredite que essa ideia possa ser ridícula.

capítulo 1

Estudo de caso

Vamos exemplificar a influência da cultura na inovação com um caso ocorrido na área de manutenção industrial. Uma máquina tinha algumas peças plásticas que se desgastavam com rapidez, e o estoque de peças sobressalentes já estava bem baixo. Para comprar novas peças, seria preciso importá-las do Japão, com prazo de entrega de várias semanas. Desenvolver um fornecedor local era difícil, pois havia limitação de orçamento. Ademais, na época não havia impressão em 3D disponível e, como a máquina estava na garantia do fabricante, certas modificações não podiam ser realizadas. Estávamos discutindo opções, entre engenheiros e um técnico de manutenção mecânica. Eu era o mais novo na área, tendo sido transferido para o setor há poucos meses. Perguntei, então, se a peça não poderia ser feita de madeira, já que a geometria não era muito complexa e não havia muita exigência em termos de resistência mecânica. O outro engenheiro me respondeu: "Eu havia pensado nisso há semanas, mas fiquei com vergonha de sugerir".

A peça foi produzida com madeira de paletes e pintada na mesma cor da peça original, funcionando perfeitamente por semanas. Nem mesmo os engenheiros do fabricante, ao visitarem nossas instalações, notaram que a peça estava instalada na máquina, pois havíamos esquecido de substituí-la pela original. A ideia, considerada inicialmente absurda, imediatamente descartada pelo colega que temia o julgamento dos pares, mostrou-se viável.

Esse exemplo nos traz duas lições. Em primeiro lugar, é preciso entender que uma ideia não externada não tem valor algum. Em segundo lugar, muitas pessoas têm mais medo de serem ridicularizadas do que vontade de fazer algo novo e promissor. Essa segunda constatação nos remete ao conceito de "pensamento de iniciante". Alguém que está pouco familiarizado com algo tem maior probabilidade de "falar bobagem", o que no ambiente empresarial pode ser o ponto de partida para uma inovação. Tal *mindset* é diametralmente oposto ao do *expert*, pois o especialista tem todo um histórico de realizações e reconhecimento pelo conhecimento acumulado, e isso pode aumentar a aversão ao risco do fracasso, conforme o pensamento de que, quanto maior a altura, maior a queda.

A inovação é um processo baseado em conhecimento, como explicam Tidd, Bessant e Pavitt (2008), e esse conhecimento pode ser obtido de várias formas, seja pela experiência prática e pela experimentação, seja pela formação acadêmica e pela pesquisa científica. Cabe aos profissionais e às lideranças encontrar meios de equilibrar o conhecimento acumulado detido pelos *experts* nos mais diversos campos com a mentalidade de iniciante que permite o questionamento de tudo aquilo que é consolidado. É a manifestação da insatisfação construtiva.

> **Importante!**
>
> A inovação exige a combinação de pessoas, processos e tecnologias, e as pessoas contribuem mais para a inovação quando convivem em uma cultura favorável à experimentação, à colaboração e à empatia com o cliente.

1.3 A importância da diversidade e da inclusão para a inovação

Você já ouviu falar de casos de produtos que não funcionavam para pessoas com determinadas características?

Circulam vários relatos nas redes sociais de torneiras e *dispensers* (dispensadores) automáticos de sabonetes com falha no funcionamento somente para pessoas com pele escura. Esses equipamentos usam sensores que emitem um feixe de luz que é refletido e detectado por um sensor, e para a pele escura a reflexão da luz é insuficiente para ativar o sensor de presença (Fussel, 2017).

Da mesma forma, há dispositivos de reconhecimento de voz que não identificam frases proferidas com um sotaque diferente dos padrões cadastrados, mesmo que a pessoa pronuncie as palavras corretamente.

Certas marcas têm peças de roupas, mesmo no tamanho GG, o maior disponível, que não servem para pessoas que não estejam próximas do padrão considerado magro. Também há redes de restaurantes que não consideram as diferenças culturais de um país no qual começam a operar uma subsidiária.

Podemos mencionar ainda aviões, trens, ônibus, automóveis, hotéis e outros produtos e serviços que muitas vezes são projetados conforme um perfil médio de cliente, excluindo-se todos os outros perfis fora do padrão considerado normal.

Além disso, há a questão socioeconômica. Pense em uma equipe de desenvolvimento de produto composta exclusivamente por pessoas brancas, do sexo masculino, formadas em instituições de ensino renomadas e provenientes de famílias de classe média ou superior. Agora imagine que na proposta de valor esteja definido o perfil de cliente da classe baixa, com um modelo de negócios para vender grandes quantidades com margem reduzida (ganho de escala). Será que essa equipe vai conseguir ter o mínimo de empatia com o perfil de cliente selecionado?

Todos os exemplos citados indicam falta de inclusão e de diversidade, levando a perfis de clientes que não são bem compreendidos no *design* do produto ou serviço. E não é apenas uma questão de *marketing*. Não basta criar peças publicitárias inclusivas se desde a proposta de valor a questão da diversidade não for considerada. De novo, é mais uma questão de fazer do que de falar.

É preciso refletir, ao iniciar um projeto de desenvolvimento da proposta de valor, se a questão racial, a orientação sexual, a nacionalidade, a faixa etária e outras características devem ser consideradas a ponto de demandar a criação de diferentes perfis de clientes com base nessas características.

O mesmo pensamento vale para o modelo de negócios. Pode ser que características pessoais exijam diferentes abordagens para os canais, a forma de relacionamento e até mesmo a proposição de certas atividades-chave. Essa lógica pode ser ampliada para as parcerias, a fim de que, na seleção de fornecedores e outros parceiros, sejam valorizadas também as organizações que promovem a diversidade e a inclusão.

Ademais, não há como gerar propostas de valor inclusivas sem garantir a diversidade da equipe de desenvolvimento de produtos e dos responsáveis pela criação e atualização do modelo de negócios. Se a equipe for composta somente por pessoas do mesmo sexo, com históricos muito semelhantes, oriundas de famílias das mesmas classes sociais, é provável que fique restringida a identificação de problemas que precisam ser resolvidos para o cliente, que ficarão mascarados pela realidade de vida muito diferente. Como já mencionamos, a inovação é de pessoas para pessoas, e pessoas diversas são mais bem atendidas por equipes diversas.

De acordo com uma pesquisa da organização Great Place to Work (Johansson; Hastwell, 2021), estas são as razões pelas quais times diversos são mais inovadores:

- Times diversos e inclusivos têm mais chance de criar ideias não convencionais.
- Times diversos e inclusivos são melhores para tomar decisões.
- Times diversos e inclusivos são melhores para fazer as ideias inovadoras saírem do papel.

Para quem acredita que empatia é importante, que tentar entender as dores e as motivações do cliente é justificável, é preciso ter em mente que a empresa deve ter como objetivo estratégico garantir a inclusão na formação das equipes, ou seja, promover a diversidade das pessoas da empresa para melhor atender clientes diversos.

É fundamental pensar em todo os possíveis clientes, considerando as mais diversas características, conforme demonstra a imagem da figura a seguir.

Figura 1.3 – Equipes diversas conseguem entender melhor clientes diversos

Outros aspectos que os líderes devem levar em conta na composição de times de desenvolvimento são citados por Bland e Osterwalder (2020). Segundo os autores, os times devem ser:

- influenciados por dados – não devem desprezar os dados existentes sobre o produto;
- direcionados por experimentos – para aprender e validar hipóteses;
- centrados no cliente – devem manter sempre a conexão com aqueles que serão beneficiados pelo valor gerado;
- empreendedores – devem ser ágeis, resolver problemas e buscar a viabilidade do negócio;
- adeptos da abordagem iterativa – devem entender que ciclos de ideação-teste-aprendizado são a abordagem mais adequada no contexto da inovação;
- questionadores – devem provocar a ruptura dos padrões atuais por meio da disposição para subverter padrões de produtos e de aspectos de negócio.

Caso o líder seja um empreendedor individual ou tenha uma equipe muito pequena, ele deve visualizar o futuro de seu negócio, quando terá agregado várias outras pessoas ao seu time. Essas considerações poderão ajudá-lo na tomada de decisão sobre a escolha de pessoas para a equipe e a definição de papéis.

1.4 Oportunidades para a criação de um negócio e o risco do sucesso

Primeiramente surgem as ideias, que, até serem expostas, não geram nenhum movimento. Ideias geradas individualmente se combinam e dão origem a conceitos de soluções para as dores de alguém. Conceitos podem evoluir para protótipos, que podem ser testados interna e externamente. Os protótipos viáveis podem então ser "embalados" em um modelo de negócio que garanta que, além de algo desejado pelos clientes, seja algo possível de produzir e sustentável financeiramente. Até esse ponto há vários picos de criatividade e ênfase no processo de inovação. Falhas, aprendizados, vitórias, avanços e retrocessos, até que se chega a uma efetiva inovação. O processo está longe de ser linear e previsível, é iterativo e sujeito à incerteza.

Quando o produto é enfim lançado e passa a ser um item do portfólio da empresa, começam as demandas do cliente por correções, o que é comum nas primeiras versões, embora isso deva ser evitado ao máximo, já que falhas e imperfeições destroem valor. Há ainda espaço para a inovação incremental, na forma de pequenas melhorias, introdução de novas funcionalidades ou outras formas de melhor atender o cliente.

Nesse momento, quando o produto já está sendo comercializado normalmente, há duas situações que merecem atenção da gestão da empresa. Primeiro, a equipe de desenvolvimento começa a ter de dividir o tempo entre a criação de funcionalidades e até mesmo novos produtos com a tarefa de corrigir as falhas do item recém-lançado. Isso é muito comum em empresas menores em que não há uma distinção entre equipes de desenvolvimento e suporte. É o tal "assoviar e chupar cana ao mesmo tempo".

capítulo 1

Em segundo lugar, caso o produto tenha uma ótima aceitação no mercado e comece a ter um crescimento tendendo ao exponencial no volume de vendas – o que todo empreendedor espera –, é preciso tomar a devida precaução para que o sucesso não mascare a necessidade de manter a inovação fluindo. A frase "Em time que está ganhando não se mexe" é uma das grandes inimigas da inovação. Empresas como a Kodak e a Blockbuster que o digam.

Exemplo prático

A Blockbuster é um exemplo que vale a pena ser comentado. A empresa tinha enorme sucesso com o negócio de locação de VHS (*Video Home System*, ou sistema doméstico de vídeo) e, posteriormente, DVD (*Digital Versatile Disc*, ou disco digital versátil), com um modelo de locação por título, com atendimento em lojas físicas. Chegou a ter mais de 9 mil lojas em vários países. Quando alguns executivos viram o modelo da Netflix de entrega de DVDs pelo correio, sem lojas físicas, com cobrança de mensalidade em vez de taxa de locação por título, questionaram se não deveriam adotar algo semelhante. Porém, a empresa manteve o padrão existente. Um dos motivos para não adotar o sistema semelhante ao da Netflix foi a receita que a Blockbuster recebia com multas por atraso na devolução dos títulos. A empresa lucrava com o sofrimento dos clientes. Era um modelo que, de certa forma, destruía valor (Valeon Notícias, 2021).

Os executivos da Blockbuster também tentaram comprar a nova concorrente, sem sucesso. Enquanto isso, a Netflix crescia em número de clientes com o modelo de negócios totalmente diferente. O perigo que representava a concorrência com seu modelo de negócios inovador foi mascarado pelo fato de a Blockbuster continuar crescendo desde o surgimento da Netflix. Quando a Netflix surgiu, em 1997, a Blockbuster tinha cerca de 5 mil lojas. Em 2004, a Netflix faturou U$ 500 milhões, e a Blockbuster atingia o auge de 9 mil lojas. Embora a nova concorrente já fosse um sucesso, ainda parecia não ser uma grande ameaça para a gigante Blockbuster (Valeon Notícias, 2021).

> Foi então que, em 2007, a Netflix decidiu fazer outra inovação no modelo de negócios. Abandonou a locação de DVDs e lançou o serviço de *streaming* (transmissão digital de conteúdo). Agora o usuário não receberia mais uma mídia física com o título que desejava visualizar, mas faria o *download* em um computador. A Blockbuster, com toda a sua *expertise* (conhecimento), uma legião de lojas físicas, um patrimônio invejável e executivos com altos salários e bônus atrativos, não resistiu a essa inovação que mudou totalmente o mercado de entretenimento. Em 2011, a Blockbuster decretou falência, enquanto a Netflix faturava U$ 2 bilhões, com 12 milhões de assinantes (Kercher, 2023). O resto é história.

Em resumo, não se deve deixar o sucesso passado mascarar a necessidade de continuar gerando valor para os clientes com base na inovação.

1.5 A inovação disruptiva pode expulsar a empresa do mercado

O caso do fim da Blockbuster em decorrência do novo modelo de negócios da Netflix também pode servir de exemplo para explicar o conceito de inovação disruptiva ou de ruptura. É o tipo de inovação que quebra totalmente as regras do jogo e que recorrentemente afetou gigantes dos respectivos mercados. Christensen (2012) apresentou o conceito e estudou a fundo a inovação de ruptura. O autor cita vários exemplos de empresas que dominavam o respectivo setor e foram fortemente afetadas, ou mesmo extintas, a partir da adoção de novas tecnologias que inicialmente começaram com desempenho inferior, mas que evoluíram a ponto de passarem a ser opções melhores do que as existentes. De acordo com Christensen (2012), a Xerox, ícone da inovação tecnológica, que dominava o setor de copiadoras, viu-se ameaçada por concorrentes de menor porte que lançaram copiadoras portáteis com novas alternativas tecnológicas.

capítulo 1

Outro exemplo citado por Tidd, Bessant e Pavitt (2008) foi o caso da RCA, megacorporação fabricante de equipamentos eletrônicos que tinha total condição de fabricar equipamentos portáteis de uso doméstico, mas não viu esse tipo de produto como promissor, mantendo-se restrita à fabricação de aparelhos de comunicação de longo alcance. Deixou as portas abertas para a Sony lançar rádios de AM (amplitude modulada) e FM (frequência modulada), que caíram nas graças de milhões de usuários.

Christensen (2012) esclarece que as tecnologias de ruptura começam apresentando um pior desempenho no curto prazo em características importantes do produto e por isso costumam passar desapercebidas pelos participantes estabelecidos. Isso aconteceu com as primeiras máquinas fotográficas digitais. A qualidade da imagem era precária, e as baterias duravam pouco. Ainda no segmento de fotografias e vídeos, as câmeras dos primeiros celulares geravam no máximo borrões. Hoje há filmes totalmente gravados com *smartphones*, principalmente modelos da marca com nome de fruta.

E é aí que entra a relação do conceito de inovação de ruptura com o conteúdo deste livro. Veja a afirmação de Christensen (2012, p. 24) em que ele faz referência à proposta de valor: "As tecnologias de ruptura trazem a um mercado uma proposição de valor muito diferente daquela disponível até então. Em geral, essas tecnologias têm desempenho inferior aos produtos estabelecidos em mercados predominantes".

No entanto, enquanto algumas características da tecnologia de ruptura têm desempenho inferior, novas funcionalidades ou características são introduzidas e atraem um perfil de cliente que prefere adotar a nova tecnologia, por entregar algo de que necessitam. Posteriormente, com a redução da lacuna de desempenho nas características em que a nova tecnologia apresenta *performance* (desempenho) inferior, a inovação de ruptura passa também a engajar os clientes da antiga tecnologia dominante: primeiro, os entusiastas das novidades; depois, os mais racionais; por fim, até mesmo os clientes mais resistentes à mudança.

Voltemos ao mercado de dispositivos para registro de imagens para discutir sobre a câmera digital como substituta da câmera com filme fotográfico. As câmeras tradicionais tinham uma proposta de valor do tipo "alta qualidade de imagem para eternizar momentos", direcionada ao perfil de cliente que queria qualidade profissional. Já as primeiras câmeras digitais tinham a proposta de valor focada no entretenimento e na praticidade, algo do tipo "registre, armazene, sem necessidade de filme ou revelação".

As primeiras câmeras digitais apresentavam um desempenho pior em termos de qualidade de imagem e duração da bateria, mas traziam novas funcionalidades que agradaram um segmento específico de clientes: ofereciam facilidade de armazenamento, dispensavam revelação, permitiam visualizar e descartar fotos ruins, tinham recursos para edição de imagens, agregavam recursos de captura de vídeos com som. Já adiantando um assunto que veremos mais à frente, podemos dizer que resolviam uma dor: a do cliente que viajava, tirava várias fotos e só depois, ao revelar o filme, constatava que a lente da câmera estava suja, que a foto havia ficado tremida ou desfocada, isso quando o filme não era exposto e as fotos "queimavam", fazendo com que o registro de momentos importantes fosse perdido.

Quando as câmeras digitais passaram a ter a qualidade aprimorada ano a ano, medida principalmente em *megapixels*, e começaram a ter baterias recarregáveis, houve uma inversão: as câmeras com filme é que passaram a um nicho de mercado composto por poucos clientes, principalmente profissionais, após o registro de vendas decrescentes ano a ano. Foi uma tragédia para a Kodak, que chegou a desenvolver a própria versão de câmera digital, mas não acreditou que seria um produto promissor.

O preço também pode ser uma característica que inicialmente limita a adoção da tecnologia de ruptura. Os veículos elétricos são um bom exemplo. Trata-se de uma tecnologia com potencial de afetar fortemente o mercado de veículos à combustão. O veículo elétrico começou com um desempenho inferior em características importantes: velocidade máxima, preço e, principalmente, autonomia. No momento em que este trecho do livro é escrito, há vários modelos com autonomia acima de 300 km, sendo que alguns, como o BMW iX50, chegam à autonomia de 528 km, equivalente à de um veículo à combustão com tanque de 50 litros, e rendimento médio em torno de 10 km por litro, sem ficar atrás em termos de velocidade máxima. Quanto ao preço, os veículos elétricos ainda são mais caros em 2023 do que os veículos à combustão de porte similar, mas a diferença segue caindo.

Em resumo, em vez de buscar sempre ter o melhor desempenho em todas as principais características do produto, o empreendedor deve verificar se não há quem aceite um desempenho global inferior, mas se interesse por novas funcionalidades.

1.6 A inovação no ambiente da *startup*

Caso você seja um dos fundadores de uma *startup* ou atue de alguma outra forma no ambiente efervescente desse tipo de empresa, este livro também é para você. Se não é o seu caso, saiba que o conhecimento obtido com a leitura, a reflexão e a aplicação dos métodos e técnicas aqui discutidos pode levá-lo a, no futuro, se aventurar em um empreendimento em uma *startup*.

De acordo com Ries (2012), uma *startup* é uma organização criada para desenvolver novos produtos e serviços em meio a condições de extrema incerteza. É o tipo de empresa para o qual não se aplica o desenvolvimento de um plano de negócios, pois ainda não há o mínimo de certeza nem mesmo quanto à aceitação do produto. Além disso, apesar de não estar explícito no conceito de *startup*, esse tipo de organização faz da inovação o motivo de sua existência. É importante destacar que uma *startup* não é simplesmente uma pequena empresa de tecnologia, embora a maioria delas comecem pequenas e sejam de base tecnológica.

Uma *startup* é estabelecida para procurar um modelo de negócios repetível e escalável. Para um modelo de negócios ser repetível e escalável, primeiramente ele deve acertar na proposta de valor, para então gerar a desejabilidade. Ser repetível traz à tona a questão de ser exequível, com robustez e confiabilidade. Por sua vez, ser escalável remete ao terceiro tipo de viabilidade que vimos anteriormente, associado à rentabilidade.

Buscando demonstrar a diferença entre uma *startup* e uma pequena empresa de base tecnológica, Ries (2012) esclarece que, se uma empresa iniciante trabalha com alta tecnologia, mas com o mesmo tipo de produto e com um modelo de negócios e uma proposta de valor similares aos existentes, ela pode se tornar um negócio promissor, mas não é uma *startup*. Outra forma de diferenciar uma *startup* de uma empresa iniciante convencional é olhar para a forma de financiamento: uma empresa iniciante convencional, seja qual for seu ramo, tem a possibilidade de buscar financiamento em uma instituição bancária tradicional; uma *startup* depende de um investidor de risco que aceite fazer uma aposta, sabendo que apenas um em vários projetos trará alto retorno.

Uma *startup* tem uma grande probabilidade de passar um bom tempo desenvolvendo algo não lucrativo. E isso não é algo inteiramente negativo, acredite, caso a *startup* não se limite a ficar apenas na tentativa e erro. Isso porque é possível desenvolver-se com vários ciclos de tentativa-erro-aprendizado.

Ries (2012 p. 75) apresenta um modelo desse ciclo de aprendizagem, conforme indicado na figura a seguir.

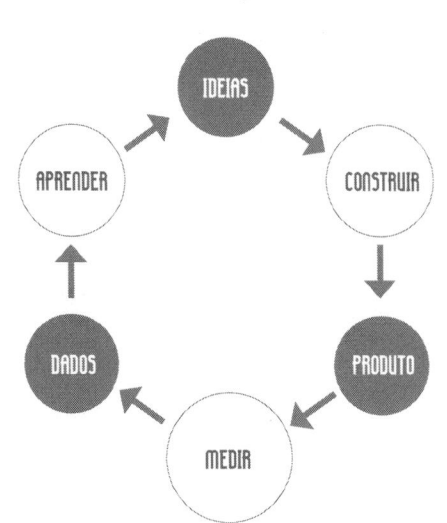

Figura 1.4 – Ciclo construir-medir-aprender

Fonte: Elaborado com base em Ries, 2012.

Para fazer o ciclo girar, são testadas hipóteses por meio dos chamados MVPs (do inglês *Minimum Viable Product* – Produto Mínimo Viável). Posteriormente abordaremos o MVP e outras formas de teste de hipóteses de partes ou da totalidade do produto.

Caso as principais hipóteses não sejam validadas e o produto concebido não seja viável, o pensamento convencional levaria ao encerramento do empreendimento, que poderia ser definido como um fracasso. Mas isso não é necessariamente o destino da *startup*, que pode partir para a pivotagem.

A pivotagem implica a revisão das hipóteses fundamentais de um modelo de negócios, algo como uma mudança brusca de direção, sem abandonar a viagem. Há vários tipos de pivotagem propostos por Ries (2012, p. 172), que são apresentados no quadro a seguir.

Quadro 1.5 – Tipos de pivotagem

Na pivotagem tipo...	A *startup* decide...
Zoom-in	Restringir o público-alvo, com foco em um grupo específico.
Zoom-out	Expandir o público-alvo.
Necessidade do cliente	Mudar o problema (ou dor) do cliente que irá resolver.
Arquitetura de negócio	Alterar o foco de mercados com altas margens e baixos volumes para mercados com baixas margens e altos volumes, ou vice-versa.
Captura de valor	Mudar as fontes de receita do negócio.
Motor de crescimento	Adotar formas mais rápidas e/ou rentáveis de capturar clientes para um produto.
Canal	Modificar o canal de distribuição dos produtos.
Tecnológico	Buscar melhores formas de solucionar o problema de seus clientes, a partir de novas tecnologias.

Fonte: Elaborado com base em Ries, 2012.

Algumas empresas hoje de grande sucesso pivotaram em algum momento. A Nike distribuía sapatos para uma empresa japonesa e fez uma pivotagem do tipo "necessidade do cliente", passando a projetar e fabricar os próprios modelos. O YouTube nasceu com uma plataforma de encontros por vídeo e não deu certo, então pivotou para uma plataforma de compartilhamento de conteúdo. Já a Honda fez a pivotagem do tipo *"zoom in"*. Como não fez sucesso ao chegar aos Estados Unidos da América (EUA) com motos de passeio, focou o público entusiasta dos esportes radicais.

Nos próximos capítulos, acompanhe nossa discussão para verificar ferramentas aplicáveis tanto para novos empreendimentos, que incluem as *startups*, como para empresas de base estabelecida que precisam da inovação para capturar oportunidades e reagir às ameaças identificadas.

Síntese

Veja a seguir um resumo dos principais conceitos estudados neste capítulo:

- Do ponto de vista do cliente, o valor é uma comparação entre os benefícios percebidos e os esforços que o cliente exerce para obtê-los. O que o cliente adquire não é o bem ou serviço, mas uma proposta de valor.
- Inovação não é só gerar ideias. É preciso executar e dar resultado, por isso a "equação": inovação = ideias + execução + resultado.
- Para que uma inovação seja viável, é necessário que ela tenha sucesso em três dimensões: desejabilidade, praticabilidade e viabilidade.
- Os tipos de inovação são: de produto, de processo, organizacional, de *marketing* e de modelo de negócio. Este último tipo será discutido amplamente neste livro.

- A empresa não precisa andar sozinha na jornada da inovação, podendo adotar práticas de inovação aberta e aproveitar competências complementares de parceiros.
- É preciso trabalhar na cultura da inovação, para que todos entendam a necessidade de a empresa inovar, garantindo um ambiente interno favorável.
- A diversidade dos clientes tem de estar alinhada com a garantia e o respeito à diversidade nas empresas.

Questões para revisão

1. Além da inovação de produto, quais outros possíveis tipos de inovação foram abordados neste capítulo?

2. O que diferencia uma empresa iniciante de pequeno porte tradicional de uma *startup*, em termos de modelo de negócio e perspectivas futuras?

3. Assinale a alternativa que apresenta uma inovação considerada disruptiva:
   a) O primeiro *smartphone* com câmera tripla.
   b) O vídeo sob demanda para *download* (Netflix e similares).
   c) O primeiro veículo a álcool.
   d) O lápis ecológico.
   e) O aparelho de barbear descartável de três lâminas.

4. Avalie a seguinte afirmação:

Para uma empresa que busca inovar, é importante manter equipes compostas de pessoas com perfis diversos, a fim de atender melhor todos os tipos de clientes.

Qual das alternativas a seguir é uma justificativa correta para essa afirmação?

a) Pessoas diversas trabalham melhor juntas.
b) O cliente não aceita ser atendido por pessoas diferentes dele.
c) É mais fácil para uma equipe diversa entender as necessidades dos clientes, que também são diversos.
d) Equipes diversas são mais focadas.
e) Equipes diversas são mais produtivas.

5. Considerando o conceito de valor como a comparação feita pelo cliente entre os benefícios recebidos e os esforços que ele realiza para obtê-los, classifique os exemplos a seguir como benefícios (B) ou esforços (E).

( ) Filas
( ) Sensação de segurança ao usar um produto
( ) Tempo de aprendizado para uso de um novo produto
( ) Procura pelos preços de um serviço
( ) Descontos por fidelidade

Agora, assinale a alternativa que apresenta a sequência obtida:

a) E, B, E, E, B.
b) B, B, E, B, B.
c) E, B, E, B, B.
d) E, E, E, E, B.
e) E, B, B, E, E.

capítulo 1

Questões para reflexão

1. Você acredita que qualquer ramo de negócio está sujeito a ser afetado por inovações disruptivas? Ou será que existe algum segmento imune a uma nova tecnologia que o torne obsoleto? Quais as inovações disruptivas que ameaçam as empresas nas quais você e seus familiares trabalham ou das quais são consumidores?

2. Converse com as pessoas ao seu redor e pergunte quais são as empresas que elas consideram mais inovadoras. O que há em comum entre essas empresas?

3. Pense em uma empresa que você conheça. Pode ser a empresa em que atua ou já tenha atuado, ou uma empresa da qual seja cliente. Como essa empresa poderia fazer uso da inovação aberta? A quais parceiros externos ela poderia recorrer?

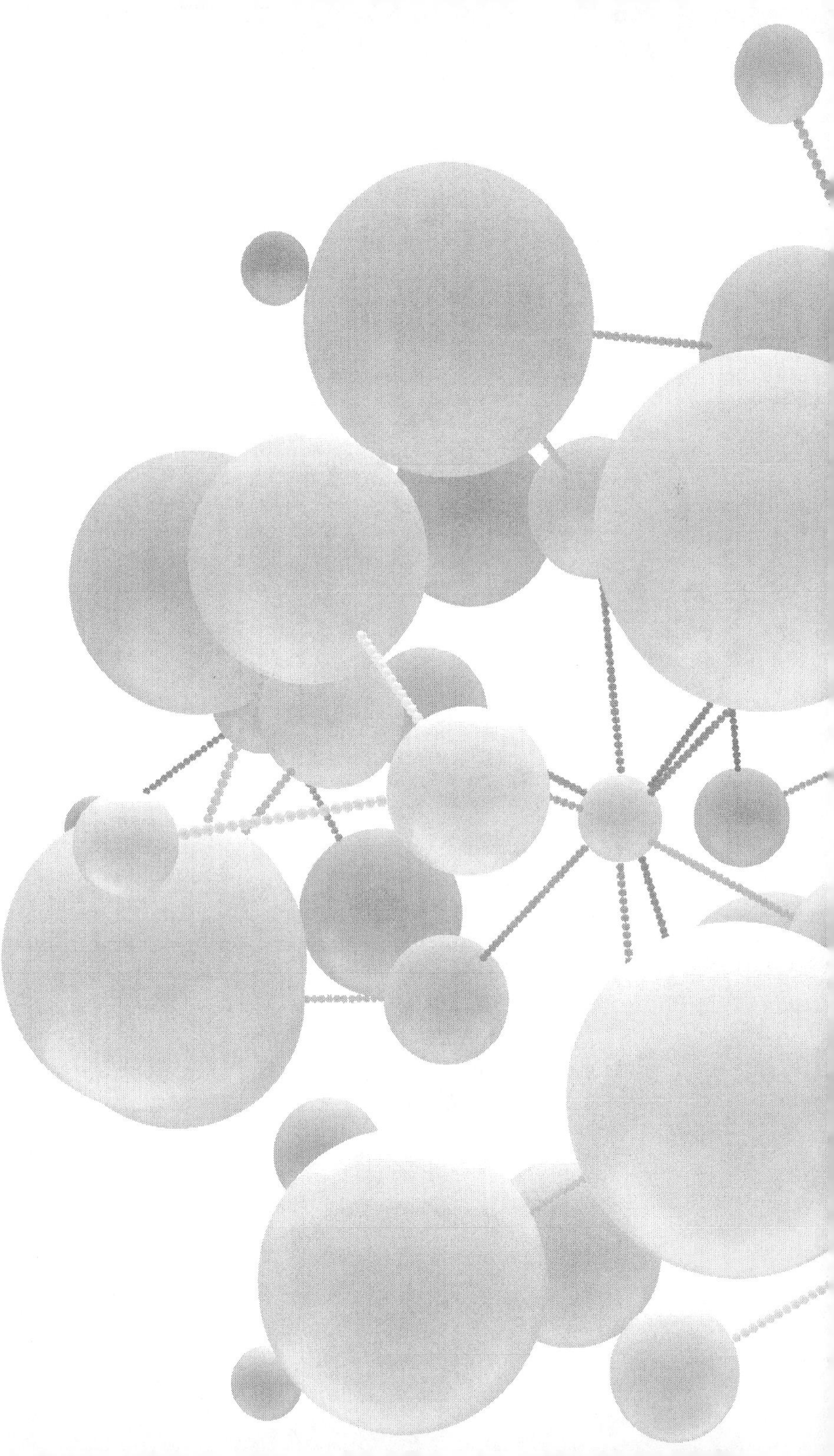

Capítulo 2

Conhecendo o canvas da proposta de valor

Conteúdos do capítulo:

- Elementos do canvas da proposta de valor.
- Técnicas para avaliação de uma proposta de valor.

Após o estudo deste capítulo, você será capaz de:

1. reconhecer os elementos que compõem a proposta de valor;
2. coletar as informações necessárias para desenvolver o canvas da proposta de valor;
3. aplicar técnicas para avaliação de uma proposta de valor.

2.1 Como vender o produto inovador

Se considerarmos que uma venda é apenas uma relação comercial na qual se transfere a posse de um bem ou se dá acesso a um serviço, uma simples transação entre um fornecedor e um cliente mediante um pagamento único ou recorrente, teremos poucas oportunidades para manter o cliente satisfeito e fidelizado e será mais difícil ainda gerar uma inovação.

Por outro lado, se entendermos que o cliente adquire algo com base em critérios racionais e emocionais, com grande peso das emoções, e que quer ser atendido por uma empresa na qual possa confiar, veremos que se abrirá um leque para a inovação, uma oportunidade de gerar o efeito "Uau!", ou seja, a empolgação do cliente.

Por isso, cada vez mais é comum vermos empresas afirmando que vendem mais soluções do que produtos. Produtos, em uma definição mais simples, são itens à espera de serem comprados. Soluções são feitas sob medida, com base em necessidades e desejos do cliente.

Quando o foco está em prover soluções, para aliviar ou eliminar dores do cliente e fazer com que ele perceba ganhos naquilo que consumiu, gera-se uma conexão forte entre as duas partes. Isso favorece um relacionamento de longo prazo entre a empresa e o cliente, podendo-se chegar ao ponto mais alto da relação, em que o cliente passar a ser um defensor voluntário da marca. Toyota, Apple, Disney e outras marcas globais conquistaram essa posição nas mentes e corações dos clientes.

Clientes com a sensação de satisfação acima da média promovem a marca gratuitamente, sem precisar de nenhum incentivo. Sentem prazer em comentar suas experiências positivas ao utilizar um bem ou vivenciar um serviço. Enquanto tudo estiver dando certo, serão defensores da marca; nesse caso, são centenas ou milhares de agentes de *marketing* voluntários.

Mas o oposto também é verdade! Um cliente insatisfeito, que adquiriu um bem com problemas de qualidade, um serviço difícil de utilizar, um produto com *design* inadequado passa a ser um detrator da marca. Quando puder, ele contará, em detalhes, a experiência

capítulo 2

desastrosa pela qual passou, pessoalmente ou em redes sociais e *sites* de reclamações.

É muito mais fácil vender um produto que é admirado, um produto em torno do qual se criou uma imagem de que existe a preocupação em ajudar os clientes a realizar tarefas da forma mais fácil, rápida e prazerosa. O papel do *marketing* passa a ser não mais convencer o cliente, e sim transmitir de maneira clara a proposta de valor, disseminando a forma como aquilo que é ofertado ajuda o cliente a resolver seu problema (seu *job to be done**) e o aspecto que diferencia o produto daquele que é comercializado pelos concorrentes.

O que defendemos aqui é que, quando se cria uma proposta de valor para um determinado segmento de clientes focada em redução de dores relevantes e geração de ganhos importantes e voltada a fazer com que o cliente se sinta amparado na execução das tarefas que precisa realizar, é bem mais fácil vender o produto. Trata-se de uma venda de humanos para humanos, que gera confiança e lealdade.

Também não podemos deixar de mencionar que, se a proposta de valor tiver de ser algo lucrativo, não haverá melhor indicador de sucesso do que o volume de itens vendidos e o faturamento decorrente das vendas. Considerando-se essa importância da venda como métrica do impacto da inovação em termos de desejabilidade e viabilidade do negócio, parece ser uma boa estratégia incluir o percentual de vendas decorrentes de produtos lançados recentemente (por exemplo, nos últimos três anos), como um KPI (*Key Performance Indicator* – Indicador-Chave de Performance), no *dashboard*** da empresa. Pode ser uma métrica-chave de desempenho do seguinte tipo:

---

* *Job to be done*: a tarefa a ser realizada, o motivo de o cliente usar o produto ou serviço. Para um cliente de restaurante, o *job to be done* pode ser matar a fome ou propiciar um momento de diversão a dois, por exemplo.

** *Dashboard*: painel de bordo que mostra as principais métricas de desempenho de determinada área ou processo, normalmente com o uso de algum sistema informatizado.

$$\text{participação da inovação na receita} = \frac{\text{receita com produtos lançados nos últimos três anos}}{\text{receita total}}$$

Dependendo do segmento, caso a participação da inovação na receita seja menor do que, digamos, 10% e, ainda, se a tendência for de queda, será preciso rever como a inovação é conduzida. Observe que métricas do tipo "quantidade de novos produtos lançados nos últimos cinco anos" não têm grande relevância estratégica, pois nesse caso se mede o esforço, e não o impacto.

> **Importante!**
>
> É fundamental usar métricas na gestão do negócio que diferenciem a contribuição para os resultados de produtos recém-lançados da contribuição de produtos já consolidados, a fim de avaliar o impacto do esforço pela inovação.

2.2 Características e elementos constituintes do canvas da proposta de valor

Em algum momento, o empreendedor precisará explicar para alguém sua proposta de valor. Pode ser um investidor, uma equipe de trabalho, a alta direção da empresa ou outra pessoa ou grupo para o qual ele queira demonstrar no que consiste sua proposta de valor. Há várias formas de fazer isso. É possível fazer uma apresentação padrão ou no estilo *elevator pitch**, criar um texto com ou sem imagens ou até mesmo verbalizar a proposta de valor. Osterwalder et al. (2019) indicam elaborar a proposta de valor em duas partes – o **mapa de valor** e o **perfil do cliente** –, que são apresentadas conjuntamente, deixando claro que, conforme afirmamos anteriormente, cada proposta de valor é feita para um determinado perfil de cliente.

Figura 2.1 – O canvas da proposta de valor

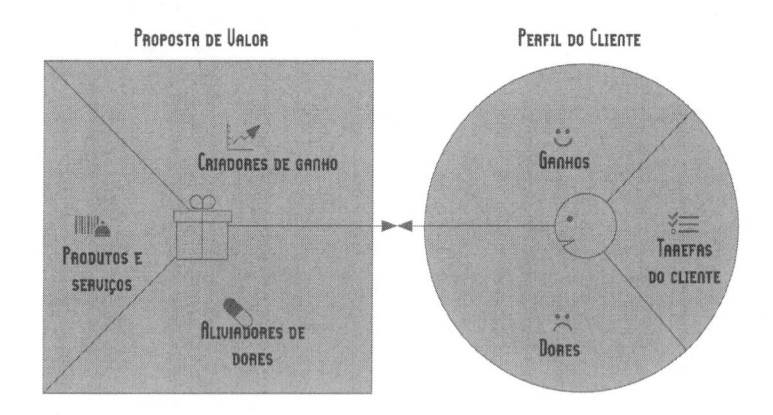

PROPOSTA DE VALOR

- CRIADORES DE GANHO
- PRODUTOS E SERVIÇOS
- ALIVIADORES DE DORES

PERFIL DO CLIENTE

- GANHOS
- TAREFAS DO CLIENTE
- DORES

Fonte: Osterwalder et al., 2019, p. 9.

Conforme pode ser observado na figura, o canvas da proposta de valor tem duas partes. O lado direito é reservado para registros sobre o perfil do cliente. O lado esquerdo contém os elementos da proposta de valor para atender a esse perfil de cliente.

Comecemos pelo perfil do cliente. Certamente, na maioria dos negócios, não faz sentido tentar estabelecer o perfil de um cliente, e sim de um segmento de cliente. Por outro lado, em muitos casos, faz sentido definir diferentes perfis de clientes e para cada um deles definir uma proposta de valor. Observe a figura a seguir.

---

* *Elevator pitch*: técnica de apresentação de propostas de negócios em poucos minutos, normalmente feita de forma verbal ou com o uso de algum outro recurso contendo imagens. Foi popularizada em programas como Shark Tank (Elevator Pitch, 2022).

Figura 2.2 – Os elementos do perfil do cliente

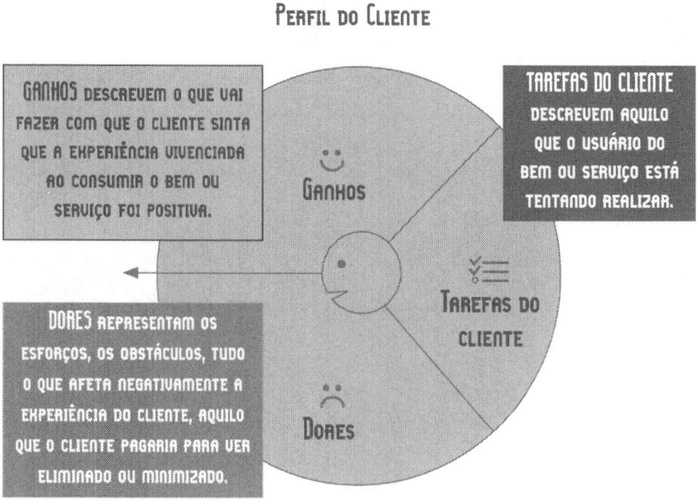

PERFIL DO CLIENTE

GANHOS DESCREVEM O QUE VAI FAZER COM QUE O CLIENTE SINTA QUE A EXPERIÊNCIA VIVENCIADA AO CONSUMIR O BEM OU SERVIÇO FOI POSITIVA.

TAREFAS DO CLIENTE DESCREVEM AQUILO QUE O USUÁRIO DO BEM OU SERVIÇO ESTÁ TENTANDO REALIZAR.

DORES REPRESENTAM OS ESFORÇOS, OS OBSTÁCULOS, TUDO O QUE AFETA NEGATIVAMENTE A EXPERIÊNCIA DO CLIENTE, AQUILO QUE O CLIENTE PAGARIA PARA VER ELIMINADO OU MINIMIZADO.

Fonte: Elaborado com base em Osterwalder et al., 2019.

2.2 O perfil do cliente

Façamos um mergulho no perfil do cliente, que no canvas tem três partes: 1) tarefas do cliente (os *jobs to be done*); 2) dores; e 3) ganhos. Vamos iniciar com aquilo que justifica a busca do cliente por um produto, ou seja, as tarefas do cliente.

2.2.1 Tarefas do cliente

Um cliente sempre tem um problema para resolver, algo para realizar, necessidades para satisfazer. Pode parecer simples identificar essas tarefas, mas, na realidade, definir todas elas não é, na maioria das vezes, algo tão trivial.

capítulo 2

Engenheiros de produto, responsáveis por projetar bens (itens tangíveis), e *designers* de serviços, responsáveis por criar experiências, na maior parte das vezes não têm dificuldade em definir as tarefas funcionais que o cliente precisa realizar. Mas tão importante quanto mapear as tarefas funcionais é entender as **tarefas sociais**, as **tarefas pessoais** ou **emocionais** e, por fim, as **tarefas de apoio**. Vejamos cada uma delas no quadro a seguir.

Quadro 2.1 – Os tipos de tarefas do cliente

Tipos de tarefas	Descrição	Exemplo
Funcionais	Algo específico e facilmente observável que o cliente precisa executar.	Para um aplicativo de rede social: localizar contatos, registrar imagens, enviar mensagens. Em um restaurante: estacionar, acomodar-se em uma mesa, escolher a refeição, consumir a refeição, pagar.
Sociais	Descrevem a forma como o cliente quer ser percebido pelos outros como usuário do bem ou serviço.	Para um aplicativo de rede social: ser visto como alguém que usa a tecnologia mais moderna, ser visto como alguém de sucesso. Em um restaurante: prestígio de fazer parte de um seleto grupo de clientes.
Pessoais/ emocionais	Quando os clientes buscam se sentir bem, sem depender de julgamento ou *feedback* externo.	Para um aplicativo de rede social: sensação de segurança em relação à inviolabilidade dos dados pessoais. Em um restaurante: prazer proporcionado por sabores e ambiente agradável.

(continua)

(Quadro 2.1 – conclusão)

Tipos de tarefas	Descrição	Exemplo
De apoio	Tarefas adicionais divididas em três tipos: **Comprador de valor**: relacionado com aquilo que é necessário para obter a proposta de valor (seleção de modelo, processo de compra, pagamento, entrega do produto). **Cocriador de valor**: tarefas que fazem o cliente se sentir participante da criação de valor, como postar análises do produto ou dar opiniões sobre características do produto. **Transferidor de valor**: tarefas que o cliente realiza quando o produto já não lhe é mais necessário (cancelamento de serviço, descarte do produto, revenda ou transferência).	Comprador de valor: processo de pagamento de aplicativo, filas de pagamento no restaurante. Cocriador de valor: possibilidade de customizar aplicativo, possibilidade de dar sugestões sobre o *menu* (cardápio) do restaurante. Transferidor de valor: cancelamento imediato de assinatura de aplicativo, transferência de reserva de mesa em restaurante para outra pessoa.

Fonte: Elaborado com base em Osterwalder et al., 2019.

    É importante entender que os três outros tipos de tarefas além das funcionais, ou seja, as sociais, as pessoais ou emocionais e as de apoio, não são meros acessórios. A inovação da proposta de valor pode estar nas tarefas tanto sociais como emocionais, assim como nas de apoio, embora comumente seja dedicado mais tempo para desenvolver e aprimorar as tarefas funcionais.

Uma forma de pagamento inovadora, que agilize o atendimento e gere algum tipo de benefício ao usuário de um serviço pode ser vista como um diferencial, sendo um exemplo típico de tarefa de apoio que aumenta a percepção de valor. Da mesma forma, um determinado produto pode ser a escolha de um segmento de cliente mais pela tarefa social que cumpre, como o senso de pertencimento a um grupo, do que pelas tarefas funcionais que esse produto ajuda o cliente a executar. Por outro lado, vários produtos têm como principal elemento da proposta de valor alguma tarefa emocional que o cliente valoriza, como o bem-estar causado por um ambiente aconchegante de um estabelecimento prestador de serviço.

Portanto, fica a dica: é importante ir além das tarefas funcionais no momento de definir o perfil do cliente!

O que vimos até agora sobre perfil do cliente abrange apenas "o que" deve constar na parte do perfil do cliente no canvas da proposta do valor. Posteriormente, veremos "como" obter a informação sobre cada uma das partes.

2.2.2 Dores do cliente

Uma dor dentro do *design* da proposta de valor é tudo aquilo que traz alguma dificuldade ou aborrecimento para o cliente antes, durante e depois de ele tentar realizar ou efetivamente realizar uma tarefa. E vale repetir com ênfase o "**antes, durante e depois**", para que seja evitado um erro comum na elaboração do perfil do cliente, que é focar apenas o "durante". Se o empreendedor deixar de lado o "antes", pode ser que o cliente nem chegue a experimentar o produto pelo fato de este ser difícil de acessar ou de entender. Se negligenciar o "depois", pode ser que o cliente não retorne mais por sentir que não tem suporte de pós-venda.

E quais são os tipos de dores? De acordo com Osterwalder et al. (2019), há três tipos:

1. **Problemas** – São resultados e características indesejados.
2. **Obstáculos** – Impedem ou limitam o acesso, criando um esforço considerado demasiado.
3. **Riscos** – Correspondem ao temor de que algo possa dar errado.

Para ficar mais clara a diferença entre os tipos de dores, vejamos uma relação de dores comuns no quadro a seguir.

Quadro 2.2 – Exemplos de cada tipo de dor do cliente

Resultados indesejados "Não deu certo"	Obstáculos "Foi difícil"	Riscos "Tenho medo"
• Falhas no produto (funcionamento, execução). • Fragilidade. • Aparência inadequada. • Sentir-se mal ao usar o produto. Por exemplo, o cliente tem um sentimento de culpa ao usar um produto com excesso de embalagens plásticas. • Falta de orientação. • Falta de cortesia.	• Dificuldade para obter um bem ou acessar um serviço. • Demora no atendimento ou no recebimento de um item. • Local ruim de um estabelecimento prestador de serviço. • Dificuldade para aprender a usar um bem ou acessar um serviço. • Investimento inicial elevado. • Falta de informação sobre o produto. • Falta de suporte técnico.	• Receio de se associar com marca não respeitada (credibilidade). • Receio de constrangimento por não saber usar um bem ou como se portar durante um serviço. • Risco de perdas financeiras. • Receio de não ser bem-visto por usar o produto. • Temor de ser ridicularizado por ter feito uma compra ruim.

Alona_S, linear_design e WindAwake/Shutterstock

2.2.3 Ganhos

Os resultados e os benefícios que o cliente percebe ao utilizar o produto são descritos na proposta de valor como *ganhos*. É só pensar naquela pergunta que costumamos fazer: "O que eu ganho com isso?".

Vejamos quais são os tipos de ganhos que devem ser considerados ao se estabelecer uma proposta de valor:

- **Necessários** – Se não ocorrem, a solução não faz sentido. Eliminar esses ganhos acaba com qualquer motivação do cliente em adquirir o que está sendo ofertado. Por exemplo, imagine um automóvel que não pode ser usado quando o cliente quer porque o sistema de partida não funciona em dias frios.
- **Esperados** – Se não ocorrem, há grande frustração. Eliminar esses ganhos faz com que o cliente busque imediatamente outras opções na concorrência. Por exemplo, o cliente quer um carro que tenha um mínimo de desempenho nos testes de segurança veicular.
- **Desejados** – Podem estar além do esperado, mas o cliente na verdade quer que existam. Por exemplo, mesmo que se trate de um veículo de baixo custo, o cliente espera um *design* minimamente atrativo e não que se assemelhe a uma "caixa de sapatos" sobre rodas.
- **Inesperados** – Surpreendem o cliente, fazendo-o dizer "Por essa eu não esperava!". Ainda com relação ao exemplo do automóvel de baixo custo, uma central multimídia razoável pode surpreender o cliente se for algo incomum para o segmento do veículo.

Certamente, ao decidir introduzir uma funcionalidade em um bem ou serviço, deve-se prover 100% dos ganhos necessários, propiciar o máximo dos esperados e proporcionar de alguma forma ganhos desejados e inesperados. Normalmente, produtos que se destacam no mercado contemplam essa combinação.

> **Importante!**
>
> Pense na proposta de valor de uma empresa na qual você atua ou da qual seja cliente: Para a proposta de valor dessa empresa, o que são ganhos necessários, esperados, desejados e inesperados, na ótica do cliente? Que mudança poderia tornar o produto ou serviço mais desejável pelo cliente?

Depois de definir as tarefas, as dores e os ganhos, é importante classificar o quanto cada aspecto afeta a vida do cliente. De acordo com Osterwalder et al. (2019), a classificação é feita conforme apresentada no quadro a seguir.

Quadro 2.3 – Definição dos níveis de criticidade de cada um dos elementos do canvas da proposta de valor

Aspecto do perfil do cliente	Critério de priorização	Extremos
Tarefa	Importância da tarefa	(-) insignificante até importante (+)
Dor	Gravidade da dor	(-) moderada até extrema (+)
Ganho	Relevância do ganho	(-) bom de ter até fundamental (+)

Fonte: Elaborado com base em Osterwalder et al., 2019.

Embora seja da maior importância, a priorização de tarefas, dores e ganhos é muitas vezes negligenciada em projetos com o uso do canvas da proposta de valor. O resultado é uma proposta de valor que parece excelente aos olhos de quem elaborou, mas focada em aspectos de pouca importância para o cliente. Uma boa proposta de valor se concentra em pelo menos algumas tarefas importantes, gera algum ganho fundamental e alivia uma ou mais dores significativas, fazendo o cliente pensar ou até mesmo externar algo do tipo "Era isso que eu estava precisando", chegando algumas vezes ao nível do "Uau!".

2.2.4 Como levantar informações sobre tarefas, dores e ganhos

Definir tarefas, dores e ganhos e registrar no canvas parece algo trivial. Escrever ou colocar notas adesivas em cada espaço do canvas parece não envolver mistério algum... até que se comece a fazer. Na primeira vez que for preencher os campos do canvas de proposta de valor da parte do perfil do cliente, é provável que o empreendedor fique com dúvidas e não saiba se deve registrar tudo ou somente o que for mais relevante e, mais ainda, como pode obter essas informações. Para começar, registra-se tudo e, de preferência, esse levantamento não deve ser feito por apenas uma pessoa. Duas ou mais pessoas obtendo informações proporcionará visões diferentes sobre o mesmo contexto, tornando a coleta mais rica. Mesmo se for o caso de um empreendedor individual, é importante a ajuda de alguém, um amigo ou familiar. Ter pelo menos dois pontos de vista pode fazer toda a diferença na efetividade do perfil do cliente.

Por outro lado, se a empresa tiver uma equipe diversa, com pessoas com históricos profissionais variados, com diferenças de idade e orientação sexual e, ainda, se entre elas houver alguém que conhece o perfil do cliente em estudo, a chance de se gerar uma proposta de valor de sucesso é maior. Mas depois voltaremos a tratar da importância da diversidade e da inclusão para a inovação.

Também é fundamental ser específico ao registrar informações. Por exemplo, se o cliente afirma não gostar de esperar na fila do restaurante, é preciso questioná-lo para saber se a dor causada pelas filas é mais contundente no horário do almoço, no horário do jantar ou nos intervalos para lanches, assim como quantificar o que for possível. Por exemplo, o cliente não suporta ficar na fila ou esperar o pedido a partir de quanto tempo? 5 minutos, 15 minutos?

Cabe lembrar que cada segmento de cliente demanda um canvas à parte. Não faz sentido usar o canvas de proposta de valor para clientes genéricos. A dor para um segmento de cliente pode até ser o ganho para outro. Jovens executivos não suportam filas em banco e até mesmo preferem não ir à agência, mas há alguns clientes idosos que apreciam a interação social de uma agência física, gostam de ser cumprimentados pelo nome pelos funcionários do banco e aproveitam a oportunidade para conversar com os outros clientes se houver fila.

O mesmo raciocínio vale para os ganhos. Registrar que um cliente gosta de receber descontos ao pagar com dinheiro ou Pix é um começo, mas é preciso saber qual percentual de desconto é significativo. Ao se registrar que o cliente gosta de receber desconto de no mínimo 10% ao pagar com dinheiro ou Pix, é possível gerar alguma ação concreta. Isso vale também para o *cashback**, cada vez mais usado como forma de fidelização. Será que gastar R$ 200,00 em um posto de gasolina para ganhar R$ 4,00 no próximo abastecimento, o que corresponde a 2% de *cashback*, tendo de realizar procedimentos adicionais no aplicativo, faz a diferença para o cliente? Ou é muito esforço para pouco benefício?

Na figura a seguir temos um exemplo de como tornar a descrição de dores e ganhos mais específica ao registrar o perfil do cliente. Note que, em um primeiro momento, registrar a dor sem qualquer mensuração é válido. Depois, busca-se quantificar qual é o limite aceitável da dor e qual é o nível de ganho que faz a diferença.

---

* *Cashback*: valor gerado como crédito após uma compra, normalmente um percentual do valor pago, como forma de fidelização do cliente.

Figura 2.3 – Ganhos e dores mais específicos ao atribuir valores

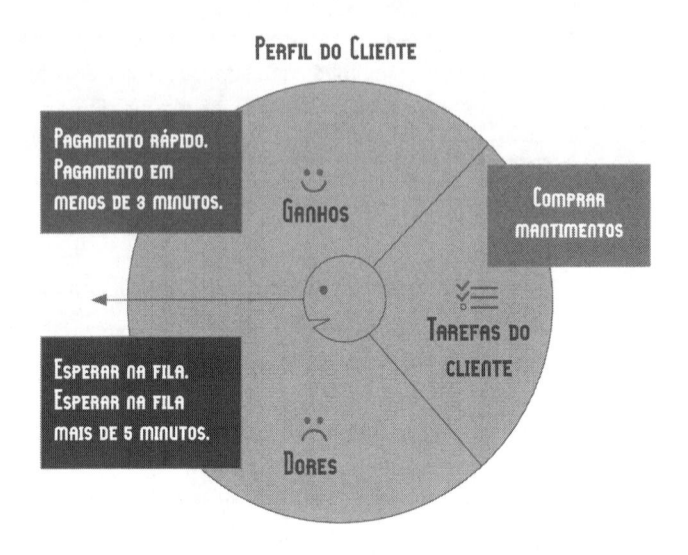

PERFIL DO CLIENTE

- Pagamento rápido. Pagamento em menos de 3 minutos.
- Comprar mantimentos
- Ganhos
- Tarefas do cliente
- Esperar na fila. Esperar na fila mais de 5 minutos.
- Dores

Fonte: Elaborado com base em Osterwalder et al., 2019.

Partindo para dicas práticas, apresentamos a seguir algumas formas de levantar informações para o perfil do cliente na elaboração do canvas da proposta de valor:

- **Pesquisa de mercado** – Uma pesquisa de mercado pode ajudar a entender quem são os clientes em potencial, quais são suas necessidades, desejos e preferências. A pesquisa pode ser utilizada antes mesmo de se definir um segmento específico de cliente para o qual a proposta de valor será direcionada.

- **Análise de dados** – A ciência de dados evoluiu muito e permite explorar ao máximo os dados já existentes sobre os clientes, como informações demográficas, comportamentais e de compra. Com a tecnologia atual, é possível ir além da análise de dados estruturados, presentes nos bancos de dados, e fazer também a análise de dados disponíveis nas redes sociais, incluindo dados não estruturados, obtidos de mensagens de texto.

- **Entrevistas com clientes** – Conversar com os clientes existentes para obter as informações necessárias é importante para delinear o perfil do cliente. Se possível, a entrevista deve ser presencial, o que permite ao cliente falar livremente e possibilita que o empreendedor preste atenção nos aspectos da comunicação não verbal, ou seja, as reações do cliente em expressões e gestos. Além disso, convém entrevistar os não clientes, para entender quais as razões de eles não optarem pelo produto da empresa.

- **Fazer "sombra" no cliente** – Passar algum tempo observando o que o cliente realmente faz pode trazer *insights* muito valiosos, já que nem sempre o que a pessoa fala que faz reflete exatamente a forma como pensa e age. Isso pode ser feito tanto nos negócios B2C (*business to consumer* – empresa para consumidor), indo até os locais em que o cliente faz as compras, como nos negócios B2B (*business to business* – empresa para empresa), passando um tempo nas instalações do cliente para entender como ele trabalha. Se tiver essas oportunidades de aprender diretamente com o cliente, o empreendedor deve aproveitar.

Uma dúvida comum é se todos os envolvidos na pesquisa de campo devem contribuir para criar um perfil único de cliente ou se deve ser elaborado um perfil a partir de cada cliente e depois a síntese com base em padrões e tendências observados. Osterwalder et al. (2019) recomendam que se criem perfis de clientes separados e depois se realize a síntese para cada elemento, conforme o exemplo da figura a seguir, baseado no caso de uma escola de idiomas para a terceira idade.

capítulo 2

Figura 2.4 – Síntese de vários *insights* na versão final do perfil do cliente

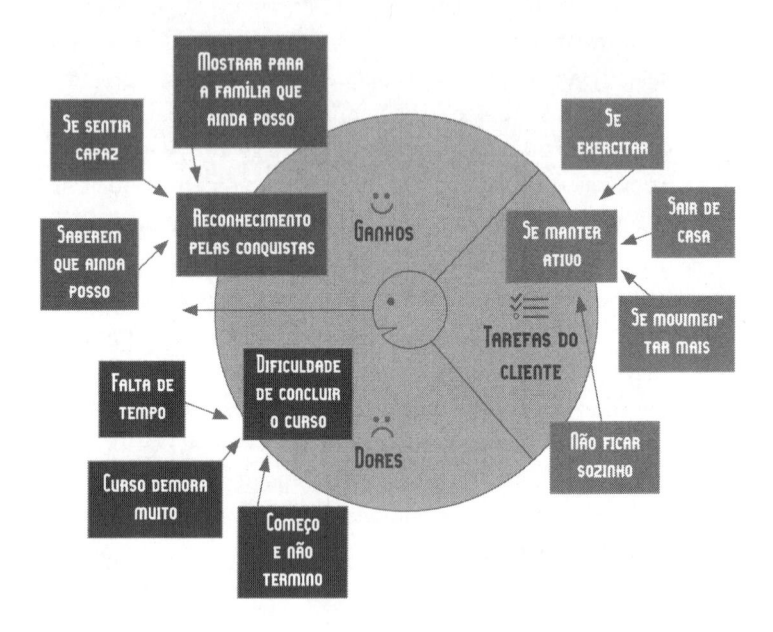

[Diagrama com círculo central contendo "Ganhos", "Tarefas do cliente" e "Dores". Em torno, os elementos:

Ganhos:
- Se sentir capaz
- Mostrar para a família que ainda posso
- Saberem que ainda posso
- Reconhecimento pelas conquistas
- Se exercitar
- Sair de casa
- Se manter ativo
- Se movimentar mais

Dores:
- Falta de tempo
- Dificuldade de concluir o curso
- Curso demora muito
- Começo e não termino
- Não ficar sozinho]

Fonte: Elaborado com base em Osterwalder et al., 2019.

E o que fazer com perfis de cliente totalmente discrepantes da média? Pode ser que realmente não se justifique manter o perfil discrepante, mas os extremos podem ser o ponto de partida para uma inovação. Pense no caso do console Wii da Nintendo, lançado em 2016, concorrendo com o Playstation 3 da Sony e com o Xbox 360 da Microsoft. Antes de o Wii ser lançado, se perguntassem para o jogador médio o que ele queria, a resposta seria: mais velocidade, gráficos mais detalhados. Mas havia um perfil de cliente que queria algo diferente: jogos para se divertir em família, simples e divertidos.

E foi para esse perfil de cliente que a Nintendo desenvolveu o Wii. A velocidade de processamento do Wii não chegava nem perto da velocidade dos dois concorrentes. Os gráficos, de tão simples, chegavam a ser toscos, infantis. Porém, o Wii introduziu inovações importantes, como sensor de movimentos, *feedback* por vibração e som no próprio controle – pura diversão para quem não era verdadeiramente um *gamer* (jogador). Talvez, ao traçar o perfil do cliente, alguns dos entrevistados tenham respondido que não queriam maior desempenho, e sim mais facilidade para usar e jogar em família, e alguém ouviu essas vozes dissonantes.

A proposta de valor pode ter de ser comunicada de forma diferente, de acordo com o papel do cliente na negociação, principalmente quando se trata de um negócio B2B. Osterwalder et al. (2019) apresentam os seguintes papéis, que podem exigir diferentes propostas de valor:

- **Os influentes** – São aqueles que não tomam a decisão, mas são ouvidos pelos decisores. Por exemplo, um gerente experiente ou um analista sênior podem ser referências do comprador, e suas dores e ganhos desejados merecem ser considerados na proposta de valor.

- **Os que recomendam** – Aqui se trata de pessoas que formalizam um posicionamento favorável ou contrário à compra de um bem ou à contratação de um serviço. Por exemplo, o gerente de TI (tecnologia da informação) será consultado quando a área financeira precisar atualizar um *software* de gestão contábil.

- **Os compradores econômicos** – São pessoas dentro ou fora da organização que determinam limites para os valores de aquisição. Na área pública, os órgãos de controle governamentais determinam valores limites de aquisições ao comparar os preços praticados em diferentes processos licitatórios.

- **Os tomadores de decisão** – São as pessoas que, popularmente, "batem o martelo", ou seja, decidem. Podem se basear em vários outros papéis, mas no fim são elas que têm a responsabilidade de decidir sobre uma aquisição.

- **Os usuários finais** – São aqueles que vão realmente utilizar o produto, têm tarefas a realizar e gostariam que esse uso gerasse ganhos e com o mínimo de esforços (dores).

- **Os sabotadores** – São aqueles que, de última hora, podem gerar o cancelamento de uma negociação, pois têm certo nível de influência e algum interesse contrário à proposta em questão, como alguma facilidade ou afinidade com a concorrência.

Cabe ressaltar que, mesmo no caso de negócios B2C, alguns desses papéis podem existir. Por exemplo, em uma escola de ensino fundamental ou médio, é necessária uma proposta de valor atrativa para os alunos, mas também é importante, ou até mais importante, considerar as tarefas, as dores e os ganhos esperados pelos pais, que são os responsáveis pelos usuários.

2.2.5 Exemplo de perfil de cliente no canvas de proposta de valor

Em nosso exemplo, uma escola de idiomas tem o objetivo de crescer 30% ao ano nos próximos 5 anos e identificou que o segmento de clientes da chamada *terceira idade*, as pessoas com 60 anos ou mais, tem crescido tanto na quantidade de pessoas como na renda *per capita*. Enquanto no Brasil cerca de 15% da população tem 60 anos ou mais, a escola tinha apenas 3% de alunos nessa faixa etária. Já haviam sido realizadas algumas ações de *marketing* e foi adotada uma política de descontos para os mais experientes, mas com baixo impacto. Decidiu-se, então, utilizar o canvas de proposta de valor com foco nesse segmento de clientes. A figura a seguir traz a primeira parte do canvas preenchida – o perfil do cliente.

Figura 2.5 – Perfil do cliente da terceira idade em relação ao estudo de idiomas

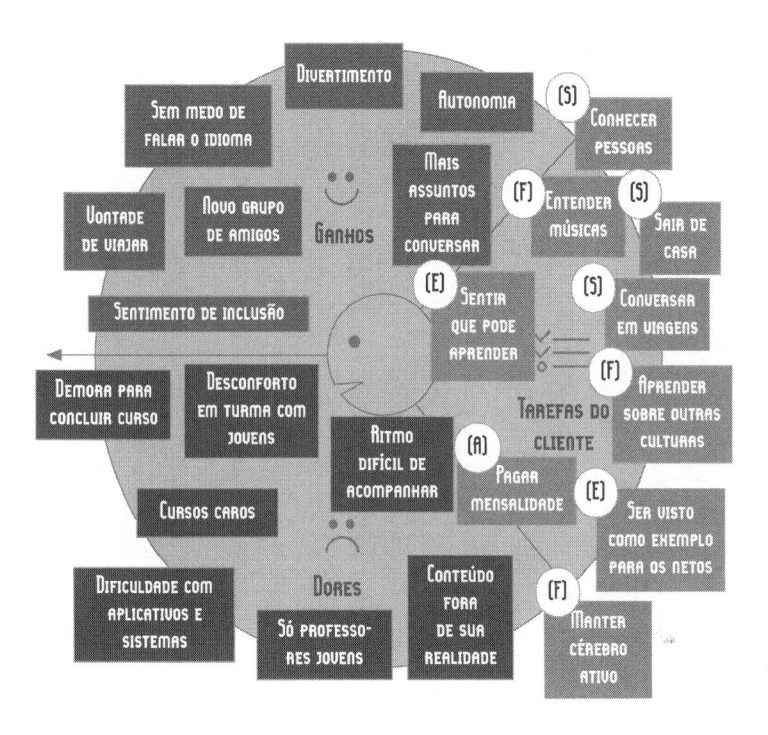

Ganhos:
- Divertimento
- Sem medo de falar o idioma
- Autonomia (S)
- Conhecer pessoas (S)
- Vontade de viajar
- Novo grupo de amigos
- Mais assuntos para conversar (F)
- Entender músicas (F)
- Sair de casa (S)
- Sentimento de inclusão
- Sentir que pode aprender (E)
- Conversar em viagens (S)

Tarefas do cliente:
- Aprender sobre outras culturas (F)
- Pagar mensalidade (A)
- Ser visto como exemplo para os netos (E)
- Manter cérebro ativo (F)

Dores:
- Demora para concluir curso
- Desconforto em turma com jovens
- Ritmo difícil de acompanhar
- Cursos caros
- Dificuldade com aplicativos e sistemas
- Só professores jovens
- Conteúdo fora de sua realidade

Fonte: Elaborado com base em Osterwalder et al., 2019.

Inicialmente, na parte das tarefas do cliente, foram incluídas tarefas funcionais (F), sociais (S) e emocionais (E), com um certo equilíbrio na quantidade. Foi identificada também uma tarefa de apoio (A). Depois, ao serem priorizadas as tarefas, ficou evidenciado que as sociais chegavam a ser mais relevantes que as funcionais (comunicação em outro idioma).

Antes de partir para o mapa de valor, é importante que o empreendedor entenda quais tarefas são mais importantes, quais dores são mais críticas e quais ganhos são mais relevantes. Veja na figura a seguir a ordenação das tarefas, dos ganhos e das dores.

Figura 2.6 – Priorização de tarefas, dores e ganhos

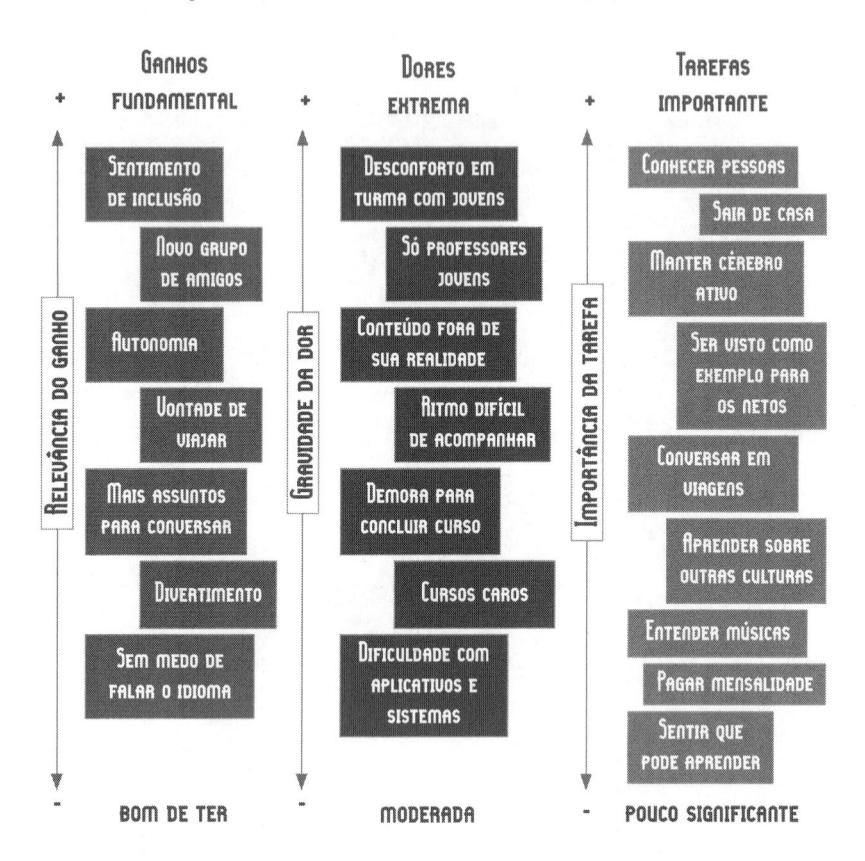

GANHOS — FUNDAMENTAL (+)
- Relevância do ganho:
  - Sentimento de inclusão
  - Novo grupo de amigos
  - Autonomia
  - Vontade de viajar
  - Mais assuntos para conversar
  - Divertimento
  - Sem medo de falar o idioma
- BOM DE TER (−)

DORES — EXTREMA (+)
- Gravidade da dor:
  - Desconforto em turma com jovens
  - Só professores jovens
  - Conteúdo fora de sua realidade
  - Ritmo difícil de acompanhar
  - Demora para concluir curso
  - Cursos caros
  - Dificuldade com aplicativos e sistemas
- MODERADA (−)

TAREFAS — IMPORTANTE (+)
- Importância da tarefa:
  - Conhecer pessoas
  - Sair de casa
  - Manter cérebro ativo
  - Ser visto como exemplo para os netos
  - Conversar em viagens
  - Aprender sobre outras culturas
  - Entender músicas
  - Pagar mensalidade
  - Sentir que pode aprender
- POUCO SIGNIFICANTE (−)

Considerando-se o público-alvo, pessoas da terceira idade, pode surgir um questionamento: E se as pessoas envolvidas na criação da proposta de valor quisessem também atender os filhos desses clientes, na hipótese de que os filhos são influentes ou até mesmo tomadores de decisão? Será que seria possível incluir no canvas de valor tarefas (por exemplo, pagar o curso), dores (tempo para levar pais ao curso) e ganhos (satisfação ao ver as vitórias dos pais) também dos filhos desses clientes?

Não, não é recomendado inserir dois perfis de cliente no mesmo canvas de proposta de valor, pois com isso nenhum dos segmentos seria plenamente atendido. Seria mais adequado, nesse caso, manter o canvas que considera o perfil de cliente aluno da terceira idade e criar outro canvas para gerar uma proposta de valor para os filhos desse perfil de cliente.

2.3 O mapa de valor

Vamos nos dedicar agora ao entendimento do lado esquerdo do canvas da proposta de valor – o mapa de valor. Depois de ter sido traçado o perfil do cliente, que é a fase do entendimento do problema, é necessário partir para a fase do *design* da solução propriamente dito, traduzido no mapa de valor. Para começar, vamos analisar a figura que representa o mapa de valor, composta por três quadrantes inseridos em um quadrado.

Figura 2.7 – O mapa de valor – o lado da oferta da proposta de valor

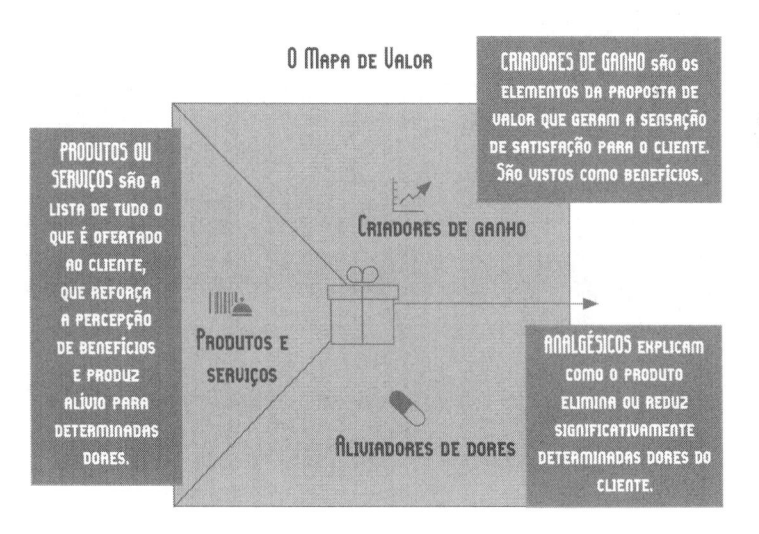

O Mapa de Valor

PRODUTOS OU SERVIÇOS são a lista de tudo o que é ofertado ao cliente, que reforça a percepção de benefícios e produz alívio para determinadas dores.

CRIADORES DE GANHO são os elementos da proposta de valor que geram a sensação de satisfação para o cliente. São vistos como benefícios.

Criadores de ganho

Produtos e Serviços

Aliviadores de dores

ANALGÉSICOS explicam como o produto elimina ou reduz significativamente determinadas dores do cliente.

Fonte: Elaborado com base em Osterwalder et al., 2019.

capítulo 2

Vamos tratar dos produtos ou serviços, mas antes vamos abrir um parênteses, pois temos de comentar uma diferenciação, ou mesmo discordância, em relação à nomenclatura entre os pensadores da gestão. Para muitos autores, o termo *produto* serve para bens (itens tangíveis) e serviços (experiências). Nesse caso, não faria sentido falar em produtos e serviços, mas em bens e serviços. Uma geladeira é um bem, algo que pode ser tocado, armazenado; é, portanto, algo tangível. O serviço de assistência técnica do fabricante da geladeira é algo intangível; não é possível tocar nem estocar, apenas vivenciar, experimentar. Neste livro, vamos nos referir a produtos e serviços para manter o alinhamento com a obra já citada de Osterwalder et al. (2019), a principal referência sobre canvas de proposta de valor e de modelo de negócios.

No mapa de valor, o campo *produtos e serviços* é uma lista de tudo o que a empresa tem para oferecer em sua proposta de valor, buscando o alinhamento com o segmento *tarefas do cliente* do perfil do cliente. Esses produtos e serviços são aquilo que ajudou o cliente a realizar as tarefas funcionais, sociais, emocionais e de apoio*. Se o produto tem muitas funções, certamente serão incluídas no canvas somente aquelas que estão alinhadas com as tarefas listadas no perfil do cliente. O empreendedor também não deve esquecer que o mapa de valor é feito para um perfil de cliente, e não para toda a humanidade! Isso é muito importante.

Um erro comum é listar todas as funcionalidades de um produto, na linha do "quanto mais, melhor". Mas essa não é a melhor estratégia para garantir o alinhamento com o perfil do cliente definido. Na proposta de valor devem constar apenas os produtos que a empresa oferta para atender o perfil do cliente.

Osterwalder et al. (2019) definem quatro tipos de produtos:

1. **Físicos ou tangíveis** – Aqui entram os bens, que podem ser tocados, armazenados e usados no momento mais oportuno. Um automóvel é um produto tangível.

---

* Se você não se lembra dessa diferenciação apresentada anteriormente neste livro, é importante revê-la na Seção 2.2.1 – "Tarefas do cliente".

2. **Intangíveis** – São os serviços, que não podem ser tocados nem armazenados, mas podem ser experimentados, vivenciados. A assistência técnica é um serviço oferecido pelo fabricante do veículo.

3. **Digitais** – Essa categoria teve de ser criada pois um *software*, por exemplo, é intangível, não pode ser tocado, mas pode ser armazenado, manipulado e até mesmo revendido. O *software* da interface da central multimídia do automóvel é um produto digital.

4. **Financeiros** – Embora sejam também intangíveis, Osterwalder et al. (2019) criaram essa categoria para contemplar fundos de investimento, seguros e financiamentos. O financiamento do veículo e o seguro veicular são dois produtos financeiros oferecidos diretamente por muitos fabricantes.

Tendo em vista os produtos e serviços oferecidos, é possível medir o impacto deles nos clientes do perfil selecionado, na forma de analgésicos ou geradores de ganho. Quanto maior for esse impacto, mais relevante será a proposta de valor.

Os analgésicos servem para aliviar as dores que foram registradas no perfil do cliente. Nem sempre haverá remédios para todas as dores. Pode ser que seja escolhida uma que tenha nível de importância elevado ou pode ser escolhida uma dor para a qual nenhum concorrente tenha remédio. Os dois caminhos podem levar a uma percepção de valor elevada do ponto de vista do cliente. Pode ser até mesmo que a proposta de valor foque apenas uma das dores do cliente, mas, nesse caso, a dor escolhida deve ser muito relevante, de modo a sustentar uma proposta de valor desejável. Cabe lembrar a equação do valor vista no início do livro (valor = benefícios / esforços) – os analgésicos atuam na redução dos esforços.

Os geradores de ganho são as formas de o produto gerar uma experiência positiva para o cliente; eles geram benefícios. No mapa de valor deve ser registrado como a proposta de valor gera os ganhos que o cliente espera, identificados ao ser traçado o perfil do cliente.

É preciso, então, na concepção do canvas da proposta de valor, garantir o alinhamento entre o que a empresa oferece, na forma do mapa de valor, e o que o cliente espera, que foi registrado no perfil do cliente, conforme a figura a seguir. Produtos e serviços se alinham com as tarefas; analgésicos se alinham com as dores; e criadores de ganho se alinham com os ganhos esperados pelo cliente.

Figura 2.8 – Os elementos da proposta de valor – respostas às necessidades definidas no perfil do cliente

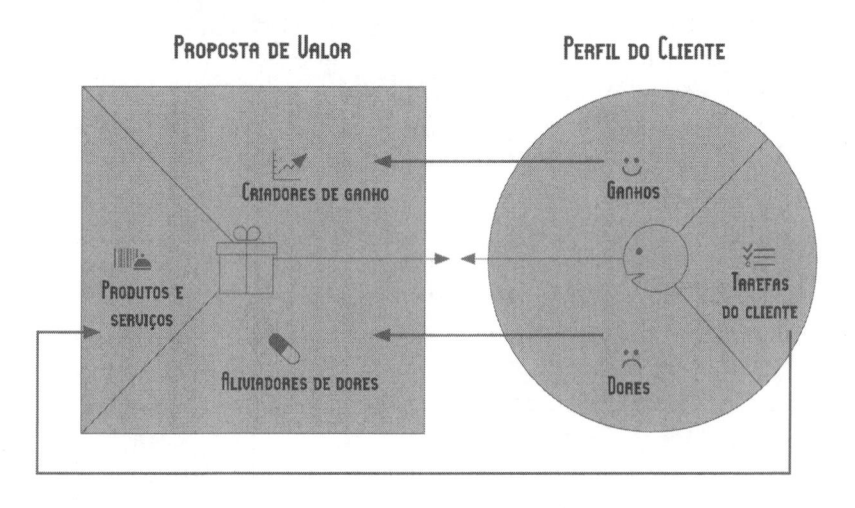

Proposta de Valor
- Criadores de ganho
- Produtos e serviços
- Aliviadores de dores

Perfil do Cliente
- Ganhos
- Tarefas do cliente
- Dores

Fonte: Elaborado com base em Osterwalder et al., 2019..

Se a empresa indicar um gerador de ganho que não combina com os ganhos esperados pelo cliente, é importante que ela reveja a proposta. Se ela definir um analgésico que não tem uma dor para aliviar, isso deve ser repensado. Nunca um mapa de valor pode ser desenvolvido sem o olhar contínuo para o perfil do cliente. É um processo cíclico, em que o empreendedor não deve contentar-se com a primeira versão do canvas gerada. Um erro comum é encantar-se com a ideia na qual se baseia a proposta de valor e esquecer que do outro lado há um cliente, que é aquele para quem se deve gerar encantamento. É importante praticar o desapego e amar mais o cliente do que a proposta de valor!

Lembre-se de que o perfil do cliente é uma fotografia, ou seja, tem uma validade limitada. As pessoas não podem colocar no crachá da empresa em que trabalham uma foto delas aos 6 anos de idade, pois provavelmente ninguém as reconhecerá. O perfil do cliente traçado hoje pode não permanecer válido em alguns anos e até em alguns meses. Assim, é preciso reavaliar continuamente o perfil do cliente e verificar se a proposta de valor permanece válida. Podem ainda surgir novos perfis de cliente totalmente diferenciados, sendo necessário desenhar novas propostas de valor.

A figura a seguir apresenta o mapa de valor para um curso de inglês para a terceira idade, baseado no perfil do cliente já elaborado.

Nem todas as dores que foram levantadas tiveram um analgésico correspondente. Da mesma forma, nem todos os ganhos esperados puderam ser contemplados.

Figura 2.9 – Mapa de valor para curso de inglês para terceira idade

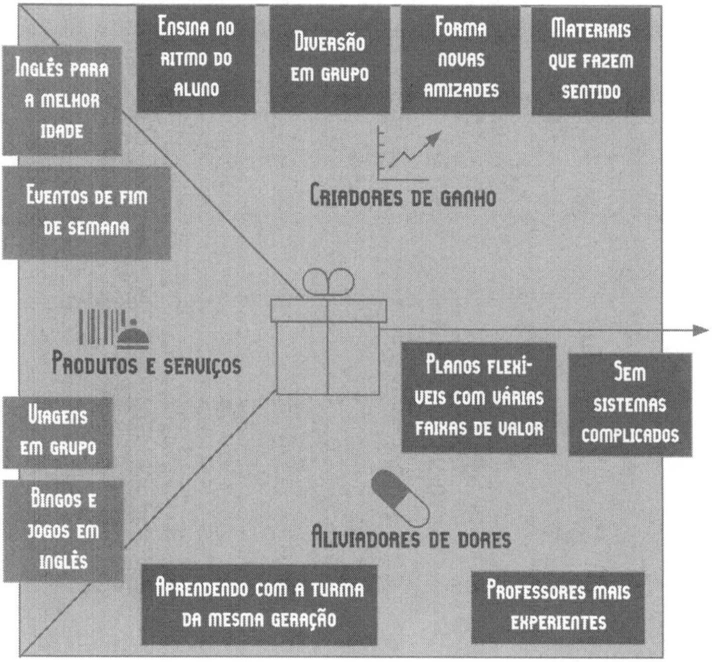

Inglês para a melhor idade
Ensina no ritmo do aluno
Diversão em grupo
Forma novas amizades
Materiais que fazem sentido

Criadores de ganho

Eventos de fim de semana

Produtos e serviços

Planos flexíveis com várias faixas de valor
Sem sistemas complicados

Viagens em grupo

Bingos e jogos em inglês

Aliviadores de dores

Aprendendo com a turma da mesma geração
Professores mais experientes

Fonte: Elaborado com base em Osterwalder et al., 2019

capítulo 2

Observando-se os produtos e serviços indicados, fica claro que a proposta vai além do simples aprendizado de um idioma. Nesse caso, a proposta foca a tarefa funcional de se comunicar em inglês, mas também contempla tarefas sociais e emocionais.

Note também a importância de se criar uma frase que expresse a proposta de valor, como "aprendizado de inglês com pessoas de sua geração se divertindo e fazendo novos amigos". Essa frase que resume a proposta de valor pode ser usada diretamente ou inspirar o setor de *marketing* para a criação de *slogans**.

Tendo sido definidos o perfil do cliente e o mapa da proposta de valor, o canvas está completo. É fundamental que, além das duas partes do canvas, sejam apresentadas a descrição do perfil do cliente e uma frase que expresse a proposta de valor, conforme demonstra a figura a seguir.

Figura 2.10 – Canvas da proposta de valor para o curso de inglês para a terceira idade

SEGMENTO DE CLIENTES: PESSOAS DA TERCEIRA IDADE DE CLASSE MÉDIA OU SUPERIOR QUE QUEREM VOLTAR A APRENDER IDIOMAS.
PROPOSTA DE VALOR: APRENDIZADO DE INGLÊS COM PESSOAS DE SUA GERAÇÃO SE DIVERTINDO E FAZENDO NOVOS AMIGOS.

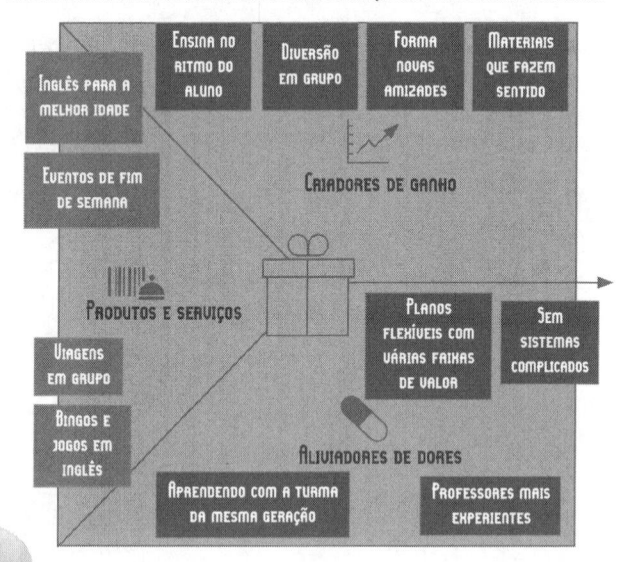

(continua)

---

* *Slogan*: frase concisa e marcante, utilizada no *marketing* e em campanhas publicitárias.

(Figura 2.10 – conclusão)

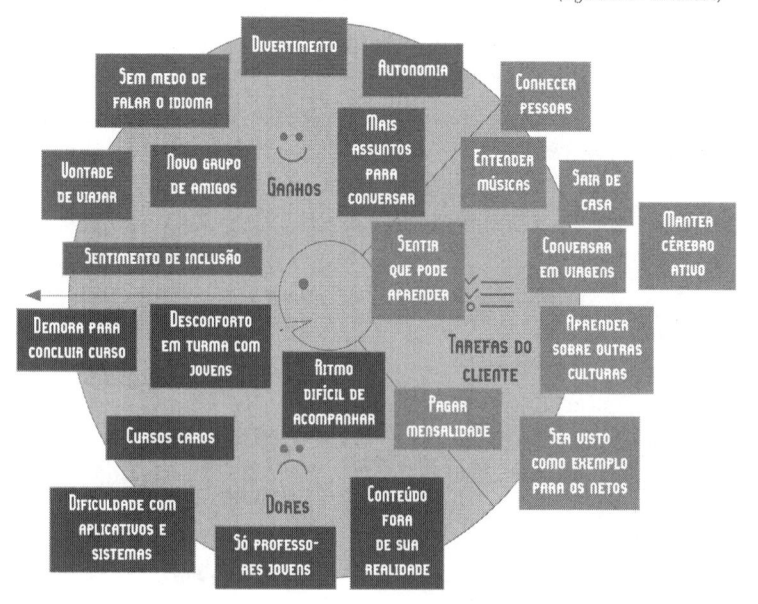

```
                          Divertimento
         Sem medo de                   Autonomia       Conhecer
         falar o idioma                                pessoas
                                      Mais
                                      assuntos              Entender
  Vontade      Novo grupo              para                 músicas      Sair de
  de viajar    de amigos    Ganhos   conversar                           casa
                                                                                  Manter
                                       Sentir           Conversar                 cérebro
       Sentimento de inclusão          que pode         em viagens                ativo
                                       aprender
   Demora para    Desconforto                           Aprender
   concluir curso em turma com          Tarefas do      sobre outras
                 jovens      Ritmo      cliente         culturas
                             difícil de
                             acompanhar  Pagar
        Cursos caros                     mensalidade
                                                          Ser visto
                                                          como exemplo
                                                          para os netos
    Dificuldade com             Conteúdo
    aplicativos e     Dores     fora
    sistemas          Só profess- de sua
                      res jovens  realidade
```

Fonte: Elaborado com base em Osterwalder et al., 2019.

Sobre a definição do perfil do cliente, observe que é possível desmembrá-la em três elementos, como indicado na figura a seguir.

Figura 2.11 – Decomposição do perfil do cliente

Pessoas da **terceira idade** de **classe média ou superior** que querem **voltar a aprender idiomas.**

→ Faixa etária   → Nível de renda
            → Conhecimento prévio

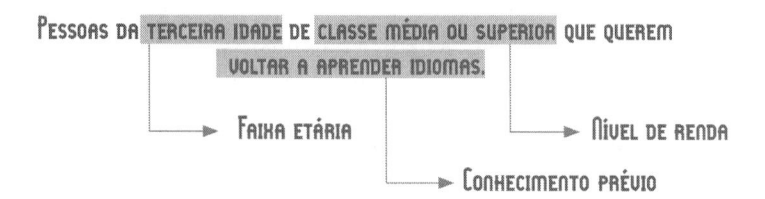

Essas três características devem servir como guia para o planejamento da oferta do serviço. Primeiramente, foi evidenciada a questão da faixa etária. Depois, foi identificado o nível de renda, pois se trata de um condicional para que a pessoa possa participar de viagens e eventos. Por último, ao mencionar na proposta de valor que ela é destinada a pessoas que querem voltar a aprender idiomas, o que se busca evitar são as dificuldades da pessoa que tem o primeiro contato com o idioma, aspecto que torna o aprendizado menos divertido e ainda limita muito a comunicação durante o estudo em grupo ou em situações reais em viagens ou simuladas nas atividades, que é o que se pretende para que o aluno seja capaz de se comunicar em pouco tempo.

Por fim, com a proposta de valor definida, é preciso que ela se encaixe em um modelo de negócios viável. Em outro ponto do texto, trataremos da elaboração do modelo de negócios e apresentaremos uma versão para o curso de inglês para a terceira idade para a proposta de valor desenvolvida neste capítulo.

> **Importante!**
>
> O perfil do cliente é **descoberto**. O mapa de valor é **projetado**. A empresa deve ter o cuidado de não projetar o perfil do cliente ideal, buscando mapear um perfil real.

2.4 Como avaliar a proposta de valor

A empresa cria uma proposta de valor e só mais à frente saberá se deu resultado ou não. Mas será possível, de alguma forma, avaliar antecipadamente uma proposta de valor? Osterwalder et al. (2019) propõem dez perguntas para avaliar a proposta de valor, que são apresentadas no quadro a seguir.

Quadro 2.4 – Dez perguntas para avaliar a proposta de valor

Critério	Avaliação
A proposta de valor faz parte de um modelo de negócios viável?	☺ 😐 ☹
Concentra-se nas tarefas, dores e ganhos mais importantes?	☺ 😐 ☹
Atende tarefas mal resolvidas, dores sem solução e ganhos não obtidos?	☺ 😐 ☹
Responde muito bem a algumas das dores e ganhos esperados?	☺ 😐 ☹
Auxilia o cliente com tarefas funcionais, emocionais, sociais e de apoio?	☺ 😐 ☹
Tem alinhamento com a forma como os clientes definem sucesso?	☺ 😐 ☹
Foca tarefas, dores e ganhos de muitos clientes ou de poucos clientes dispostos a pagar muito?	☺ 😐 ☹
É bastante diferenciada das propostas de valor da concorrência?	☺ 😐 ☹
É bem superior à da concorrência pelo menos em algum aspecto?	☺ 😐 ☹
Tem características que dificultam a cópia?	☺ 😐 ☹

Fonte: Elaborado com base em Osterwalder et al., 2019.

A empresa pode usar essas perguntas como ponto de partida para avaliar sua proposta de valor e substituir ou incluir outras perguntas, se considerar isso necessário. A facilidade de comunicar a proposta de valor também é um critério importante, pois, se o cliente não entender o que está sendo oferecido, nem vai considerar a solução da empresa como uma opção de compra.

Veja que não há nenhum questionamento sobre a viabilidade da proposta de valor, além da primeira questão, que faz a vinculação com um modelo de negócios viável. E essa é a lógica correta: para a proposta de valor, avalia-se a desejabilidade, o quanto o cliente quer a solução. A viabilidade fica para o modelo de negócios. A proposta de valor é "o que" fazer para atender às necessidades e aos desejos do cliente. O modelo de negócios define o "como" fazer.

Outra forma de avaliar a proposta de valor é compará-la com a da concorrência. Isso pode ser feito criando-se uma matriz para pontuar como cada proposta de valor atende a diferentes critérios, e as dez perguntas podem ser o ponto de partida. Um detalhe é que, para comparar duas propostas de valor concorrentes, é preciso que o segmento de clientes seja o mesmo. Por outro lado, a comparação entre propostas de valor pode ser feita comparando-se tipos de soluções bastante diferentes. O curso de inglês para a terceira idade pode ser comparado com um grupo de socialização, pois ambos focam o convívio ativo de idosos.

O fato de se comparar a proposta de valor com as da concorrência não significa que é necessário buscar igualar ou superar todos os aspectos. Pode ser que a proposta de valor seja inferior à proposta da concorrência em um ou mais aspectos e mesmo assim ainda ser desejada pelos clientes. Um restaurante de *fast food* perde em termos de sabor, qualidade nutricional e *status* para um restaurante com serviço *à la carte* conceituado, mas ganha em preço e rapidez de atendimento.

> **Preste atenção!**
>
> A empresa deve fazer muitas perguntas, mas não deve satisfazer-se com as primeiras respostas. É preciso questionar:
> - Por quê?
> - Por que não?
> - E se...?

2.5 Teste de cada elemento da proposta de valor

Bland e Osterwalder (2020) afirmam que, diante do ambiente de incerteza que cerca os projetos de inovação, é preciso adotar a experimentação de um conjunto de hipóteses-chave para evitar que uma visão de negócio seja na realidade uma alucinação, algo sem sentido em termos de desejabilidade, praticabilidade ou viabilidade. De forma resumida, os autores sugerem que se observe a sequência indicada a seguir.

Figura 2.12 – O caminho para a redução da incerteza em projetos de inovação

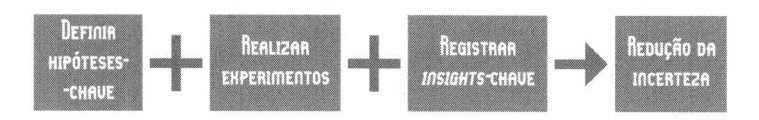

Definir hipóteses-chave + **Realizar experimentos** + **Registrar insights-chave** → **Redução da incerteza**

Fonte: Elaborado com base em Bland; Osterwalder, 2020.

Talvez você possa estar pensando que essa lógica de desenvolvimento de produto é totalmente diferente do que é realizado por aí. Empreendedores costumam partir diretamente da ideia para a execução, e realizar experimentos para testar aspectos da proposta de valor e do modelo de negócios parece algo burocrático. Afinal, tempo é dinheiro. Mas, se isso puder ser feito de forma relativamente rápida e com baixo custo, permitindo falhar e aprender em fases iniciais do desenvolvimento, será que não vale a pena?

A proposta de valor, no fim das contas, é um conjunto de hipóteses. Os produtos descritos são definições, e o empreendedor escolhe quais incluir, porém os geradores de ganhos e os aliviadores de dores só fazem sentido quando os clientes vivenciam o produto e valorizam o que está sendo ofertado.

Figura 2.13 – Considerando cada elemento da proposta de valor como uma hipótese

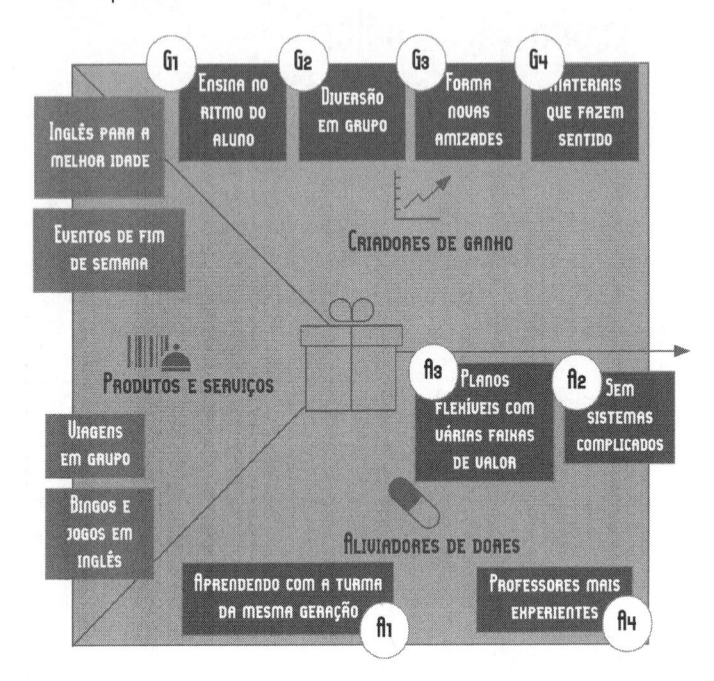

Fonte: Elaborado com base em Osterwalder et al., 2019.

Tendo em vista o exemplo da figura, vejamos as perguntas para testar cada um dos efeitos da proposta de valor na visão do cliente, iniciando com os geradores de ganho:

- G1 – Na avaliação dos alunos, ao concluírem um módulo de teste, o ritmo do curso é adequado? Ou deveria ser mais rápido? Ou mais lento?
- G2 – Apresentado o conceito ou um evento teste, os participantes consideram o conceito divertido?
- G3 – Com uma descrição das principais atividades previstas, o cliente do perfil considerado acredita que poderá formar novas amizades?
- G4 – Com base em uma amostra do livro-texto, os participantes consideram que a linguagem é adequada e os exemplos são condizentes com o público-alvo?

Agora, vejamos as questões relacionadas com os aliviadores de dores:

- A1 – O fato de realizar o curso apenas com pessoas de sua geração realmente alivia uma dor? Não há nenhum efeito colateral dessa estratégia?
- A2 – A forma como o curso será realizado, incluindo o modo de avaliação e as dinâmicas de aprendizagem, parece adequada para representantes do perfil do cliente?
- A3 – As opções de planos e valores são consideradas atrativas pelo público-alvo?
- A4 – Descrito o perfil dos professores, ele agrada o público-alvo?

Se a avaliação for favorável, principalmente para os ganhos considerados mais importantes e as dores mais agudas, há grandes chances de se tratar de uma proposta de valor de sucesso.

Uma vez que são geradas hipóteses, é preciso considerar que o oposto seja uma hipótese possível e buscar evidências de qual das duas hipóteses é válida. Por exemplo, se a hipótese é a de que o cliente aceita o prazo de entrega de 48 horas, a hipótese de que ele não aceita esse prazo pode ser também confirmada.

Para realizar o teste, deve-se evitar o uso de uma prancheta com folhas em branco, sendo mais adequado o uso de um formulário de teste com alguns campos predefinidos para tornar a pesquisa mais eficiente. Um exemplo é mostrado na figura a seguir. Para cada teste, usa-se um cartão. Se o empreendedor achar que os espaços são pequenos para as anotações, ele deve indicá-las de modo sintético. É necessário revisitar os cartões de teste posteriormente para avaliar os resultados individuais e elaborar uma síntese. Por esse motivo, se possível, todos os cartões devem ser fixados em um único local. A ideia é ter algo parecido com uma investigação criminal como se vê nos filmes. Aos formulários de teste, se necessário, podem ser agregadas notas adesivas e outras informações, sempre de forma resumida.

Figura 2.14 – Exemplo de cartão de teste aplicado ao caso em estudo

REGISTRO DE TESTE	
Produto *Curso de idiomas para a terceira idade*	
Responsáveis pelo teste *Athos, Porthos e Aramis*	
Nossa hipótese é que *Uma das principais dores é não concluir o curso.*	**Forma de verificação da hipótese** *Questão aberta em entrevista sobre quais as maiores frustrações com cursos de idiomas. 36 entrevistados*
Evidências de que a hipótese é verdadeira *12 entrevistados mencionaram algo relacionado com a não conclusão dos cursos.*	
Evidências de que a hipótese é falsa *Apenas 5 entrevistados afirmaram que começaram um curso de idiomas nos últimos 5 anos e não concluíram.*	
Outros aprendizados decorrentes do teste *3 entrevistados questionaram se o aplicativo de idiomas estava sendo considerado na questão.*	

As informações obtidas com os testes e outras que forem coletadas durante a pesquisa sobre a proposta de valor e, posteriormente, sobre o modelo de negócios podem alimentar uma outra ferramenta, que é a matriz CSD, sigla referente aos três estados possíveis das informações necessárias para a tomada de decisão:

1. **Certezas** – o que a equipe já confirmou por observação ou teste de hipóteses ou por análise de dados disponíveis de fontes confiáveis.
2. **Suposições** – hipóteses já formuladas que precisam ser testadas.
3. **Dúvidas** – o que é preciso descobrir.

Por exemplo, no caso do curso de idiomas para a terceira idade, em algum momento foi criada a matriz CSD mostrada na figura a seguir. Ao longo do projeto, certezas podem ser questionadas, suposições podem ser confirmadas e migradas para a colunas das certezas, e dúvidas podem ser exploradas na forma de hipóteses ou, em alguns casos, diretamente descartadas ou confirmadas.

Figura 2.15 – Matriz CSD para o caso do curso de idiomas para a terceira idade

Certezas		Suposições	Dúvidas
Os 60+ passaram de 11,3% para 14,7% da população	Há uma parcela importante de 60+ com recurso para investir em aprendizado e entretenimento	5% do público-alvo 60+ se interessa por aprendizado de idiomas	Quais as dores mais importantes dos 60+ em relação ao aprendizado de idiomas?
A falta de convívio social é uma das dores dos 60+		5% do público-alvo 60+ tem disposição para viajar	Quais atividades podem ser combinadas com aulas de idiomas?
			Que frase melhor resume a proposta de valor?
			Como a questão de saúde impacta a viabilidade de viagens em grupo?
			Qual a melhor forma de comunicar a proposta de valor para o público-alvo?

A matriz CSD pode ser criada em um quadro com notas adesivas ou em murais virtuais com o uso de ferramentas gratuitas ou pagas. Quadros físicos têm a vantagem de estarem visíveis a todos e serem facilmente alterados. Murais virtuais têm a vantagem da portabilidade, permitindo que as equipes acessem e atualizem esses murais em qualquer lugar.

2.6 Como criar uma proposta de valor transparente – ou como usar a proposta de valor no *marketing*

O objetivo de definir uma proposta de valor vencedora é engajar novos clientes e fidelizar os atuais. É para isso que você está lendo este livro, e estudando mais sobre o tema em outras fontes, se for esse o seu caso. Portanto, a proposta de valor é um elemento do *design* de um produto, seja ele um bem ou serviço. Uma boa proposta de valor impede que um produto fique encalhado na prateleira ou um serviço fique disponível sem que ninguém procure pelo atendimento.

Mas, uma vez definida uma proposta de valor relevante, o empreendedor pode, e deve, utilizá-la como um artefato de *marketing* poderoso! Afinal, pouco vai adiantar ter uma excelente proposta de valor se ela não for comunicada de forma assertiva aos potenciais clientes.

Um exemplo de divulgação da proposta de valor de um serviço de *streaming* é apresentado a seguir:

SomPraVocê
Acesso ilimitado a milhares de músicas brasileiras.
Se não gostar, é só cancelar.
Clique, saiba mais e assine.
R$ 9,99 por mês (nos primeiros três meses). Cancele quando quiser.

Observe que, logo após a identificação do serviço, é colocado um texto bastante chamativo, que remete a um ganho percebido pelo cliente, o acesso ilimitado a uma grande quantidade de músicas. Logo depois, há uma frase que se baseia em uma dor do cliente de serviços, que ficou marcada na memória de clientes de companhias telefônicas, ou seja, a dificuldade de cancelamento. Logo abaixo, em menor destaque, aparece o valor do serviço, que, para alguns clientes, pode ser considerado baixo, e mais uma vez a menção à facilidade de cancelamento.

E não é só isso. Na página *web* do serviço, é possível indicar mais alguns diferenciais da proposta de valor, como a qualidade, as funcionalidades extras, a possibilidade de salvar as músicas e criar listas de reprodução.

Os elementos adicionais da proposta de valor buscam diferenciá-la não apenas de outras propostas de empresas concorrentes, mas também de outras versões de serviço de *streaming* de músicas. A Amazon, por exemplo, diferencia o serviço pago do gratuito destacando que é "sem anúncios", em referência ao YouTube, e informando que o usuário pode "trocar de música quantas vezes quiser", aludindo à limitação da versão gratuita, que opera em modo aleatório.

Outro exemplo de divulgação da proposta de valor é o do cartão de crédito do Nubank. Primeiramente, cabe notar que a proposta de valor é apresentada junto com o diferencial associado ao visual do cartão:

> "Pode chamar ele de roxinho. Além disso, pode chamar também de moderno, gratuito e prático." (Nubank, 2023)

Junto ao texto há uma foto do cartão na cor roxa, algo bem distinto do padrão de cartões de crédito, que tradicionalmente optam pela sobriedade nas cores e no formato para remeter à ideia de confiabilidade. Mais uma característica baseada em dores ou ganhos esperados pelo cliente é descrita da seguinte forma:

> "Com o Nubank a resposta vem em menos de 1 minuto." (Nubank, 2023)

Se o cliente mantém o interesse e rola a tela para baixo, outros diferenciais são apresentados:

> "Amado por milhões no Brasil inteiro."
> O cartão de crédito Nubank é o mais bem avaliado pelos clientes: 9 entre 10 recomendam." (Nubank, 2023)

Logo em seguida, mais um item da proposta de valor é apresentado:

> "Tem desconto sim!
> Quem antecipa parcelas ganha desconto, direto no app. Simples assim. Mais sobre antecipação de parcelas." (Nubank, 2023)

Veja que é como se uma história estivesse sendo contada.

Depois, é apresentado um item baseado em uma dor recorrente dos clientes em relação aos serviços bancários, que é a taxa de administração e demais taxas para manter a conta:

> "E tudo isso é de graça sim.
> Burocracia custa dinheiro. Então somos eficientes para você não ter que pagar nada.
> Como isso é possível?" (Nubank, 2023)

Por fim, outra dor do cliente, que é a dificuldade de controlar a conta, é trabalhada da seguinte forma:

> "Você no controle da sua vida financeira.
> Conheça o novo app." (Nubank, 2023)

Mãos à obra

Você conseguiria elaborar o perfil do cliente e o mapa de valor do cartão do Nubank com base na apresentação textual da proposta de valor descrita?

Recomendamos fortemente que você tente fazer essa atividade por conta própria, antes de passar para a resposta sugerida na figura a seguir.

Figura 2.16 – Canvas da proposta de valor para o cartão de crédito Nubank

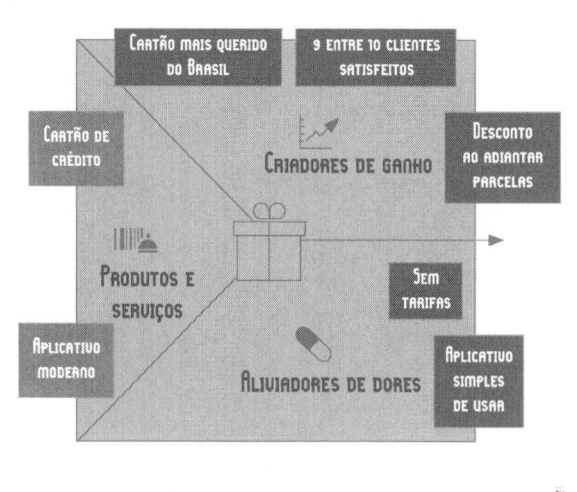

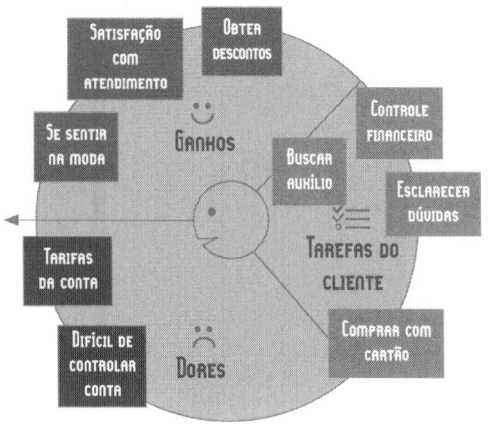

Criadores de ganho:
- Cartão mais querido do Brasil
- 9 entre 10 clientes satisfeitos
- Desconto ao adiantar parcelas
- Sem tarifas
- Aplicativo simples de usar

Produtos e serviços:
- Cartão de crédito
- Aplicativo moderno

Aliviadores de dores

Ganhos:
- Satisfação com atendimento
- Obter descontos
- Se sentir na moda
- Controle financeiro

Tarefas do cliente:
- Buscar auxílio
- Esclarecer dúvidas
- Comprar com cartão

Dores:
- Tarifas da conta
- Difícil de controlar conta

Caso você tenha elaborado o canvas da proposta de valor do Nubank, confira se ele ficou parecido com o da figura. Mas não se preocupe se ficou diferente, a prática vai levar à elaboração de propostas de valor adequadas.

Caso você não tenha elaborado o canvas da proposta de valor, sugerimos que releia a versão textual descrita anteriormente e compare as informações com o canvas que apresentamos.

2.7 A proposta de valor alinhada com outras formas de comunicação

Na gestão de uma empresa, tudo é interligado. A execução dos processos tem de estar alinhada com a estratégia empresarial, composta por identidade corporativa (missão, visão, valores), objetivos estratégicos e demais desdobramentos. Todos os envolvidos precisam remar para a mesma direção. A proposta de valor não pode ficar fora desse alinhamento; caso contrário, pode ser que ela até faça sentido para o cliente, mas não vai ser viável para o negócio.

Vejamos como a empresa hipotética Ghizmmo, que produz tênis esportivos, alinha a proposta de valor com a missão institucional, um *slogan* e uma *tagline**.

Quadro 2.5 – Alinhamento da proposta de valor de uma empresa de calçados esportivos com elementos de estratégia e *marketing*

PROPOSTA DE VALOR	Tênis produzidos com alta tecnologia para corrida em todos os níveis.
MISSÃO	Promover a saúde e o bem-estar por meio da prática desportiva segura e sustentável.
SLOGAN	Corra mais, viva melhor.
TAGLINE	Ajudamos você a vencer.

* *Tagline*: frase curta que representa a essência da marca, diferente do *slogan*, que pode ser criado e alterado com frequência e ser usado em uma campanha específica.

Por isso a proposta de valor não pode ficar restrita à área de *design* de produtos. Ela tem de se encaixar na identidade da empresa. Tem de reforçar a marca e contribuir para sua valorização.

Mas será que a Ghizmmo tem apenas uma proposta de valor, direcionada para o segmento genérico de clientes "usuários de tênis"?

Certamente a Ghizmmo conta com diversos segmentos de clientes e para cada um é preciso definir uma proposta de valor. Podemos pensar ao menos nos seguintes segmentos de usuários da Ghizmmo:

- desportistas que buscam alta *performance*;
- atletas amadores de várias modalidades de jogos *indoor* (em ambientes internos);
- pessoas de renda superior que buscam o *status* proporcionado pela marca;
- mulheres que querem estar bem-vestidas mesmo com roupas informais;
- pessoas com foco na economia que querem a melhor relação custo-benefício;
- jovens que querem reforçar o sentimento de serem membros de grupos identificados por padrões de vestimentas.

2.8 Possibilidades de prototipagem

Você, com certeza, já fez vários protótipos. Desde a mais tenra infância produzimos itens que se assemelham a protótipos. Um desenho, um castelo de areia, um barquinho ou avião de papel são representações de coisas que existem, assim como os protótipos. A diferença entre a produção infantil e a prototipagem é que, embora ambas possam ser elementos que ajudam na aprendizagem, a prototipagem no *design* tem um objetivo diferente: aprender mais sobre o cliente, suas reações, suas preferências, obter *feedback* positivo (o que o cliente gosta) e negativo (o que o cliente rejeita ou causa reação de indiferença).

Será que um canvas da proposta de valor ou um canvas de modelo de negócios são protótipos? A resposta é "sim"! Eles representam uma ideia, um conceito, algo que se pretende fazer evoluir e sobre o que se quer aprender. A função dos protótipos é justamente permitir a interação com pessoas para aprender, para testar hipóteses. Protótipos são feitos para pessoas, embora no mundo atual não seja possível afirmar que são obrigatoriamente feitos por pessoas. Ou você duvida que a inteligência artificial possa gerar um protótipo?

A vantagem dos protótipos, principalmente no caso dos mais elementares – ou mais "toscos", se você preferir –, é que eles permitem ao empreendedor errar cedo. Ele tem uma ideia e a descreve em um guardanapo, expõe essa ideia para algumas pessoas e alguém faz uma pergunta ou apresenta uma crítica. Então ele pode desenhar outra ideia, fazer uma apresentação novamente e receber outro *feedback*. Pode também ir para casa ou para o escritório, repensar e criar outra forma de representação da ideia, outro tipo de protótipo, quem sabe uma representação tridimensional usando papelão ou caixas de ovos. Isso proporciona a chamada *falha rápida*, ou *fast failuring*, que consiste em aprender o que não funciona ou não agrada o cliente com baixo custo, de modo a possibilitar uma evolução eficiente em direção a uma proposta de alto valor.

A prototipagem pode ser representada por um ciclo, que vai da mais elementar manifestação de uma ideia até um teste funcional com o cliente. Na figura a seguir apresentamos um ciclo de prototipagem.

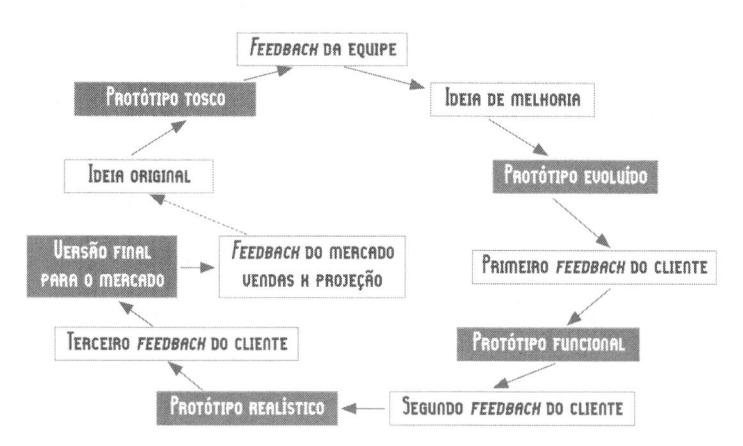

Figura 2.17 – Ciclo de prototipagem: da ideia original ao mercado

```
                    FEEDBACK DA EQUIPE
    PROTÓTIPO TOSCO         →       IDEIA DE MELHORIA
                                            ↓
    IDEIA ORIGINAL                  PROTÓTIPO EVOLUÍDO
                                            ↓
  VERSÃO FINAL   ← FEEDBACK DO MERCADO   PRIMEIRO FEEDBACK DO CLIENTE
  PARA O MERCADO    VENDAS X PROJEÇÃO
         ↑                                  ↓
  TERCEIRO FEEDBACK DO CLIENTE      PROTÓTIPO FUNCIONAL
         ↑                                  ↓
         PROTÓTIPO REALÍSTICO  ← SEGUNDO FEEDBACK DO CLIENTE
```

Observe que, nesse exemplo, o ciclo começa com uma ideia que é traduzida por meio de um protótipo tosco, ou elementar, a forma mais simples possível de representar o que se pretende produzir ou oferecer ao cliente. O *feedback* recebido da própria equipe abre caminho para um esforço de ideação, levando a uma evolução do protótipo. É bom destacar que, em muitas inovações, já o primeiro protótipo é apresentado ao cliente, que é sempre a melhor fonte de *feedback*.

O protótipo evoluído recebe o primeiro *feedback* do cliente, e as ideias de melhoria são insumo para a produção de um protótipo funcional, que leva a um segundo *feedback* do cliente. Nesse exemplo, o próximo passo é um protótipo realístico, que, além de funcional, tem a aparência próxima à aparência do produto definitivo. Com um terceiro *feedback* do cliente, o item deixa de ser um protótipo e chega a sua versão final. Acabaram os testes? Não, há agora um teste crítico, que é a avaliação da aceitação do mercado. Caso se trate de um item para vender, ele tem de atingir as metas de unidades vendidas, de lucratividade e outras métricas de desempenho. Já no caso de algo sem fins lucrativos, como um novo serviço ofertado ao cidadão pelo governo, deve haver a aceitação do item pelos clientes.

Claro que o exemplo é bem simplista, pois na realidade podem ser necessárias dezenas de protótipos, várias idas e voltas para a prancheta até que se chegue a uma versão pronta para lançar no mercado. Pode ser também que na fase de protótipo funcional se identifique uma falha grave na concepção do produto que exija rever a ideia original. Aí é que entra uma característica fundamental do inovador: a resiliência, que é a força interna do tipo "retroceder nunca, render-se jamais!", ou seja, a motivação para continuar tentando quando se tem a crença de que algo é possível.

> **Importante!**
>
> Protótipos não foram feitos para dar certo. Protótipos existem para gerar aprendizado, são insumos para mover o item em desenvolvimento da ideia até o produto pronto para o lançamento.

No quadro a seguir, relacionamos algumas possibilidades de protótipos sugeridas por Osterwalder et al. (2019).

Quadro 2.6 – Tipos de protótipos sugeridos por Osterwalder et al. (2019)

Tipo de protótipo	Descrição	Nível de fidelidade
Esboços em guardanapos	Um rascunho da ideia, na forma de desenho ou esquema gráfico.	Muito baixo
Storyboards	É contada uma história da utilização do produto com elementos textuais e ênfase em elementos gráficos.	Baixo
Ad-libs (frases para completar)	Uma frase para completar: nosso (produto) ajuda (segmento de cliente) a realizar (tarefas), aliviando (dores) e gerando (ganhos), diferentemente de (outra proposta).	Baixo
Canvas de proposta de valor	O próprio canvas é um protótipo que vai sendo refeito à medida que o cliente dá *feedback*.	Médio

(continua)

(Quadro 2.6 - conclusão)

Tipo de protótipo	Descrição	Nível de fidelidade
Caixa do produto	Uma caixa com frases que resumem as principais características do produto, simulando o que seria visto ao comprá-lo.	Médio
Modelos em papelão (*cardbox*)	Para itens físicos e alguns tipos de produto, permitem uma percepção tridimensional do produto.	Médio
Simulação de vendas	Oferecimento de uma solução para o cliente a partir de sua descrição, sem a necessidade de existir o item para a entrega.	Médio
Produto Mínimo Viável (MVP)	Simulação do produto com as funcionalidades mínimas para que o cliente realize a totalidade ou parte.	Médio até alto

Fonte: Elaborado com base em Osterwalder et al., 2019.

A forma mais adequada de prototipação varia bastante de acordo com o tipo de produto. Produtos tangíveis (bens, que podem ser tocados) permitem tipos de protótipos que não são viáveis para serviços. Pense na diferença entre um protótipo de um novo cortador de grama e um protótipo de um restaurante com serviço inovador. Já a prototipagem de um aplicativo de *smartphone*, por exemplo, possibilita o uso de várias outras técnicas e ferramentas.

Mas, independentemente da técnica de prototipagem, existem alguns princípios que são válidos de forma geral. Osterwalder et al. (2019, p. 78) definem dez princípios de prototipagem:

1. Apelo visual e concreto – Trata-se de uma abordagem simples e direta para gerar aprendizado.
2. Adoção da mentalidade de iniciante – Não convém colocar barreiras ao criar um protótipo, devendo-se deixar todos os preconceitos e crenças limitantes para trás. Se uma ideia for eliminada antes de ser exposta ao cliente, uma oportunidade de inovar pode ser perdida.

3. Não se apaixonar pelas ideias iniciais, criar sempre alternativas – Antes de refinar uma ideia que se acredita ser promissora, é importante explorar outras opções. O inovador deve estar preparado para desapegar de uma ideia de sua preferência.
4. Sentir-se confortável num "estado fluido" – Mesmo que o empreendedor não esteja conseguindo ver até que ponto vai chegar, é preciso deixar tudo fluir, confiar no processo.
5. Começar com pouca fidelidade, repetir e refinar – É bem mais fácil descartar um protótipo tosco, por isso é preciso deixar para refinar depois de receber *feedbacks* que mostrem qual direção tomar.
6. Expor as ideias logo em suas primeiras versões (disposição para receber e aproveitar críticas) – Ao conceber um conceito, de imediato se deve começar a buscar *feedback* e não receber as críticas com negatividade. *Feedback* sincero vale ouro.
7. Aprender mais rápido errando cedo, muitas vezes, e sem gastar muito – Deve-se usar a prototipagem rápida em vários ciclos para evoluir, pois as falhas logo no início geram aprendizado e economizam dinheiro.
8. Utilização de técnicas de criatividade – Criatividade se aprende e se desenvolve, e o pensar diferente pode levar a soluções inovadoras, que se afastam dos padrões existentes no negócio em questão.
9. Desenvolvimento de "modelos Shrek" – Deve-se gerar turbulência criando protótipos extravagantes e até mesmo repulsivos para gerar discussão que pode levar à inovação.
10. Registro dos aprendizados, dos *insights* e do progresso – Deve-se manter registro de tudo, do início ao fim do projeto, inclusive de ideias consideras inviáveis, pois elas podem ser a solução no futuro.

Como é possível perceber, há muito do uso de técnicas no processo de prototipagem, mas há também uma necessidade de um modelo mental voltado para a experimentação, o aproveitamento de críticas negativas, a baixa aversão ao risco de errar e o desapego de ideias próprias, substituindo-as pelas mais relevantes para o cliente.

> **Importante!**
>
> É preciso tirar as ideias da gaveta, mesmo que o profissional não esteja em um projeto de desenvolvimento de um novo produto, e começar a prototipar de imediato, iniciando com esboços em guardanapos ou algo bem simples. Sempre gera muito aprendizado mostrar o protótipo para as pessoas, perceber a reação delas, anotar oportunidades de melhoria, produzir novos protótipos e repetir o ciclo.

No uso de protótipos, para obter *feedback* dos clientes, **devem ser evitados** os seguintes erros comuns:

- Querer transformar o protótipo em uma obra de arte. Exceto se o empreendedor for realmente um artista profissional, isso só vai gerar apego e dificultar a evolução do protótipo.
- Deixar de modificar aspectos do protótipo que não fizeram sentido para o cliente por achar que eles são a melhor opção e que o cliente não sabe o que é melhor para ele. Essa é mais uma manifestação de apego excessivo à versão atual.
- Esperar muito tempo para mostrar um protótipo minimamente viável para o cliente. Pelo contrário, se o empreendedor tem algo para mostrar, que seja feito o mais breve possível.
- Criar um protótipo que dependa de muitas explicações para o cliente entender o que está sendo oferecido e como isso funciona. Se o cliente fizer muitas perguntas sobre como a solução proposta funciona é porque falta clareza e há uma dificuldade de entendimento, que é uma forma de dor do cliente.

- Pensar no protótipo como um fim e não como um meio de aprender e obter *insights* do cliente.

A seguir, vamos tratar mais detalhadamente dos tipos de protótipos citados no Quadro 2.6.

2.8.1 Esboço em guardanapo

De acordo com Osterwalder et al. (2019), a ideia de esboço em guardanapo está relacionada com o fato de que muitos conceitos surgem fora do contexto do trabalho, em almoços de negócios ou outras situações no tempo livre. São muito úteis para um primeiro contato com a ideia. E mais ainda, são muito práticos para descartar e elaborar uma nova versão. Claro que o empreendedor não precisa estar em uma lanchonete ou restaurante para criar esse tipo de protótipo, ilustrado na figura a seguir.

Figura 2.18 – Esboço em guardanapos

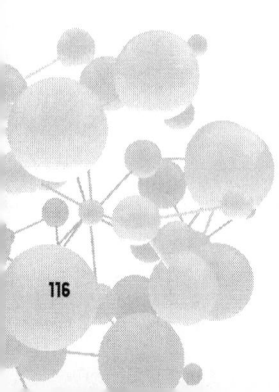

Chad McDermott/Shutterstock

O leitor pode pensar que, em vez de fazer esboços em guardanapos, é possível simplesmente usar uma folha de papel. Mas, acredite, vale a pena incluir no *kit* de escritório do desenvolvedor de produtos um pacote de guardanapos médio. O motivo é que é, nesse caso, muito mais fácil desapegar de uma versão de protótipo e partir logo para outra com base nos *feedbacks* recebidos.

2.8.2 Storyboards

Um *storyboard* é uma forma de apresentar uma proposta de solução para os clientes narrando uma história. É útil quando o bem ou serviço tem uma jornada de utilização mais complexa, difícil de ser representada por meio de poucas imagens e frases.

Um *storyboard* pode ser criado de várias formas, com o uso de desenho à mão livre, composição a partir de bancos de imagens, *softwares* de edição gráfica, fotografias capturadas pela equipe de desenvolvimento ou de terceiros, etiquetas adesivas, blocos de montar, composição dessas técnicas ou outra opção disponível.

A história é contada quadro a quadro, na sequência que o cliente percorreria para fazer uso do bem ou vivenciar o serviço. Quando são usados itens tangíveis para compor o *storyboard*, como blocos de montar ou outros materiais, estes são fotografados e depois a imagem pode receber tratamento gráfico ou ser complementada com anotações e desenhos.

Idealmente, um *storyboard* não deveria ter texto algum. A imagem deveria ser suficiente para o cliente entender a proposta que está sendo prototipada. Se houver algum texto, que seja o mínimo necessário para o entendimento. Se for necessário explicar muito, a imagem deve ser repensada.

Na figura a seguir, temos um protótipo elaborado a partir de um banco de imagens relativas ao nosso exemplo do curso de inglês para idosos.

Figura 2.19 – *Storyboard* composto a partir de banco de fotos para a proposta de curso de inglês para idosos

| Solidão | Descoberta | Avaliação do perfil | Aulas interativas |
| Celebrações | Novas amizades | Viagens ao exterior | Novo estilo de vida |

didesigno21, wavebreakmedia, julhabiby, Krokenimages.com, AlessandroBiascioli, LightField Studios, Svitlana Hulko e Tint Media/Shutterstock

Um cuidado com o uso de fotos é que o fato de terem muitos detalhes pode fazer com que as pessoas percam a visão do todo e se fixem em características das pessoas ou do ambiente da imagem. É importante também garantir a diversidade entre as pessoas que aparecem nas imagens para gerar empatia com o cliente do qual se pretende obter *feedback*.

Como alternativa para fotos, podem ser usados desenhos, como na versão do *storyboard* sobre o conceito do curso de inglês para idosos apresentada na figura a seguir.

Figura 2.20 – *Storyboard* composto a partir de banco de imagens do tipo desenho (vetor)

| Solidão | Descoberta | Avaliação do perfil | Aulas interativas |
| Celebrações | Novas amizades | Viagens ao exterior | Novo estilo de vida |

Studio_G.Jannaz, Boyko.Pictures, Studio_G, Pixuliana, Studio_G, VectorMine e robuart/Shutterstock

Os dois exemplos mostrados são de imagens obtidas de bancos de imagens, devendo-se observar que pode levar algum tempo para serem localizadas, redimensionadas e editadas.

Conforme os exemplos das duas figuras anteriores, o *storyboard* começa com uma dor do cliente, passa por uma descoberta, por conquistas e termina com uma situação bem melhor do que a inicial. Essa sequência é criada deliberadamente para mexer com as emoções do cliente, fazer com que ele se sinta realmente vivenciando a situação e, com isso, gerar um *feedback* mais sincero.

2.8.3 Ad-libs

Um *ad-lib* é uma frase-padrão na qual os campos faltantes são completados com os elementos da proposta de valor. Com isso, o desenvolvedor tem uma frase que representa sua proposta de valor para apresentar como um protótipo para um cliente do perfil alvo ou para alguém que conhece esse cliente muito bem (Osterwalder et al., 2019). Veja um exemplo de estrutura de um *ad-lib*:

> Nosso(s) [citar produto(s) e serviço(s)] ajuda(m) [definir segmento de cliente] que deseja(m) [descrever tarefas a realizar], ao [frase iniciada com verbo que indica ação em uma dor] e [frase iniciada com um verbo que indica um ganho], diferentemente de [citar proposta de valor da concorrência].

Poderíamos usar o seguinte *ad-lib* para a proposta de valor do curso de inglês para a terceira idade:

> Nosso curso de inglês e serviços adicionais ajuda pessoas da terceira idade que desejam aprender inglês se divertindo e fazendo amigos, ao reduzir a dificuldade de aprendizado e proporcionar momentos de diversão e criação de amizades, diferentemente das escolas convencionais para todas as idades.

Vejamos um segundo exemplo de uma empresa de entrega de comida saudável:

> Nosso serviço de entrega de alimentos ajuda pessoas que querem se manter saudáveis e desejam comprar alimentos de qualidade e origem confiável, ao facilitar a compra e garantir a satisfação por meio de pontuação, diferentemente dos aplicativos que apenas fazem a intermediação sem se preocupar com a qualidade da alimentação.

2.8.4 Caixa do produto

A ideia de desenvolver uma caixa do produto se baseia na observação de que é no momento da compra que o cliente usa as informações da caixa como um primeiro critério de seleção, principalmente quando não conhece o produto.

O protótipo da caixa do produto pode conter características relevantes da proposta de valor, imagens, símbolos e outros elementos que gerem atratividade. Também podem ser incluídas instruções de uso do produto, política de garantia e outros aspectos que reduzam o receio do cliente em comprar algo que vá gerar algum desconforto futuro.

A caixa do produto tem ainda a vantagem de permitir que o cliente manipule algo tridimensional, o que torna o primeiro contato com o protótipo mais marcante e favorece *feedbacks* sinceros.

Ademais, a caixa do produto não serve apenas para prototipar produtos tangíveis, podendo ser usada também para prototipar serviços. Isso, à primeira vista, é algo inusitado, mas pode ativar o modo de *feedback* sincero. Na figura a seguir, temos um protótipo de caixa do produto feito com uma caixa de papelão, com elementos da proposta de valor do curso de inglês para a terceira idade.

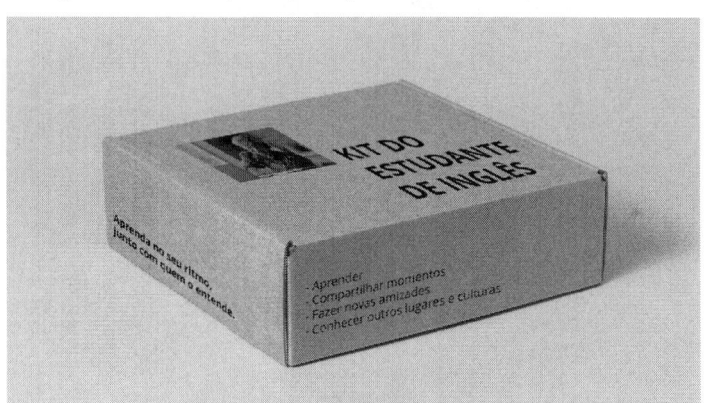

Figura 2.21 – Exemplo de protótipo do tipo caixa do produto

2.8.5 Modelos em papelão (*cardbox*)

Para elaborar protótipos rápidos e úteis, o papelão permite muitas possibilidades, além de ser um item de fácil obtenção. Com dobras e cortes, fitas dupla-face e cola, é possível gerar um protótipo tridimensional de qualquer objeto ou mesmo simular a experiência de um serviço.

Os protótipos de papelão podem ser de baixíssima fidelidade, apenas dando uma noção em três dimensões do objeto ou serviço no qual se baseia a proposta de valor, ou podem simular funcionalidades do produto, como o mostrado na figura a seguir.

Figura 2.22 – Protótipo de câmera fotográfica de papelão

Pixel-Shot/Shutterstock

Serviços também podem ser prototipados, variando da simples disposição de pontos de contato com o usuário até a simulação de funcionalidades do serviço que podem ser testadas pelo cliente. Até mesmo características ergonômicas podem ser avaliadas, tudo a um custo muito baixo e de uma forma que não gera apego, permitindo descartar rapidamente conceitos inteiros ou elementos em particular.

2.8.6 Simulação de vendas

Osterwalder et al. (2019) apresentam a simulação de vendas como uma forma de prototipação da proposta de valor e, ao mesmo tempo, um modo de obter *feedback* sobre várias formas de precificação. Os autores reforçam que essa estratégia pode ser usada antes mesmo de haver uma proposta de valor consolidada.

Esse tipo de simulação pode ocorrer de várias formas, com diferentes níveis de comprometimento com o cliente, sendo mais usual nos meios digitais. Em plataformas de *e-commerce* (comércio eletrônico), é possível incluir fotos, descrição das características e preço do produto e colocar um botão "comprar" para mensurar quantos clientes selecionam a opção que está sendo prototipada. Depois de o cliente clicar em "comprar", é possível exibir a mensagem "produto indisponível" ou então informar que se trata de uma simulação de venda para verificar o interesse no produto que poderá estar disponível em breve. Pode ser dada a opção para o cliente ser avisado quando a versão final do produto estiver à venda.

E você acha que essa estratégia pode ser usada também fora do *e-commerce*? Com o uso da criatividade, é, sim, possível. Pense em um restaurante que quer testar o interesse por novos pratos. Podem ser exibidas a foto e a descrição do prato no *menu* para testar quantos clientes selecionam a opção.

As plataformas de *crowdfunding**, como Kickstarter (2023) e Indiegogo (2023), para a obtenção de financiamento pessoal para projetos de pequenas empresas, permitem prototipar no estágio de pré-vendas. Somente quando uma meta de financiamento é atingida, o que viabiliza o projeto, os valores individuais são cobrados.

Na simulação de vendas, é importante usar a criatividade para definir diferentes formas de registro do compromisso do cliente, desde uma declaração de intenção até um nível mais extremo em

---

* *Crowdfunding*: forma de financiamento (*funding*) em que muitas pessoas (*crowd*) contribuem com valores baixos para financiar um novo produto ou serviço.

que se conclui uma transação com cartão de crédito (que será cancelada posteriormente com toda a explicação para o cliente).

Como em toda simulação, o cliente está trabalhando para o empreendedor. Osterwalder et al. (2019) sugerem que, além da explicação sobre a venda simulada, seja oferecido algum benefício para valorizar o apoio do cliente.

2.8.7 MVP

Chega o momento em que não faz mais sentido fazer testes conceituais ou simulação de uso do produto. É a hora de proporcionar ao cliente uma experiência muito próxima da versão final. O MVP (do inglês *Minimum Viable Product* – Produto Mínimo Viável) é uma versão do produto para ser usada por representantes do perfil do cliente com um conjunto mínimo de funcionalidades habilitadas para obter *feedback* para a finalização do desenvolvimento.

Para exemplificar, imagine um MVP de um aplicativo de mobilidade similar ao Uber. O cliente poderia baixar o aplicativo com a interface próxima da versão final e selecionar uma viagem. Por se tratar de um MVP, a solicitação de viagem seria encaminhada por *e-mail* para os desenvolvedores, que enviariam um carro com um motorista da equipe de desenvolvimento. Note que as funcionalidades de cadastrar motoristas, localizar motoristas e aguardar aceitação da viagem pelo motorista não estariam disponíveis ainda no MVP, mas o cliente não perceberia isso. Ele solicitaria a viagem, acompanharia a chegada do motorista, encerraria a viagem e poderia fazer a avaliação. Pelo fato de ser um teste, o cliente também pagaria pela viagem, para vivenciar a transação de pagamento, e seria depois ressarcido. Após o teste, o cliente seria contatado para relatar suas impressões e sugestões de melhoria.

Um outro exemplo de MVP é um caixa automático de banco no qual o cliente inseriria um cartão simulado fornecido pela equipe de desenvolvimento e poderia acessar o *menu* de opções para solicitar um saque. Alguém atrás do caixa automático selecionaria as notas para fornecer o valor solicitado e as colocaria no local de retirada do dinheiro. Nesse caso, o MVP teria como foco a tarefa de inserção do cartão e o uso do *menu* de opções.

Conforme você viu nos dois exemplos, um MVP não realiza todas as funcionalidades que poderiam existir na versão final do produto. Porém, como o próprio nome já indica, tem as funcionalidades mínimas para proporcionar uma experiência de uso do produto.

Para o desenvolvimento de um MVP, é importante fazer as seguintes perguntas:

- Quais são o prazo e o orçamento para o desenvolvimento do MVP?
- Quais funcionalidades do produto são essenciais para que a experiência do cliente seja avaliada?
- Qual é a classificação de prioridades das funcionalidades essenciais? É necessário priorizar as funcionalidades para colocar o MVP em teste o mais rápido possível.
- Quais as funcionalidades que não precisam estar aparentes, mas devem ser executadas de alguma forma, mesmo que manualmente, no MVP? Por exemplo, a separação das cédulas de dinheiro no MVP do caixa automático que citamos anteriormente.
- O que se espera obter de *feedback* do cliente?
- Como coletar o *feedback* do cliente? Apenas por observação, por meio de uma entrevista com o cliente, com o preenchimento de um formulário por cliente, com registro de imagem, vídeo ou áudio?

É fundamental que o MVP seja desenvolvido de forma rápida, pois é um instrumento de aprendizagem, para obter *feedback*, e já é esperado que, a partir desse retorno do cliente, várias modificações sejam realizadas. Não há como esperar que seja criada apenas uma versão do MVP. Por isso, na equipe de desenvolvimento, seja de produtos, seja de serviços, seja de itens físicos ou digitais, é importante que existam pessoas com perfil de execução, que possam criar a primeira versão do MVP e implementar gradualmente as correções e as melhorias com base no *feedback* do cliente.

capítulo 2

Síntese

Relembre os principais conteúdos discutidos neste capítulo:

- Clientes compram mais que produtos, compram soluções para suas dores e querem benefícios (ganhos) e, quando percebem um alto valor, passam a ser promotores da marca.
- O canvas da proposta de valor tem duas partes: o perfil do cliente, que é mapeado, e a proposta de valor, que é desenhada.
- O perfil do cliente é composto por tarefas, dores e ganhos, com diferentes níveis de importância.
- Mapear o perfil do cliente é combinar levantamento de informações com o *get out of the building* (sair do prédio) e usar técnicas para levantar informações e *insights*, como pesquisa de mercado, análise de dados, entrevistas, fazer "sombra".
- É importante avaliar a necessidade de criar propostas de valor para outros papéis que influenciam na decisão de compra: os influentes, os que recomendam, os compradores econômicos, os tomadores de decisão, os usuários finais, os sabotadores.
- Raramente é viável que uma proposta de valor atenda a todas as tarefas, dores e ganhos, por isso é necessário priorizar.
- O mapa de valor é elaborado para encaixar com o perfil do cliente mapeado e contém três elementos: produtos e serviços, aliviadores de dores e geradores de ganho.
- É importante descrever na apresentação da proposta de valor o perfil do cliente e incluir uma frase que resuma os benefícios ofertados.

- Antes de uma proposta de valor ser submetida à prova real do mercado, é possível utilizar múltiplos critérios para avaliá-la.
- A proposta de valor pode ser um excelente ponto de partida para o plano de comunicação do *marketing*.
- A prototipagem da proposta de valor pode gerar *feedback* importante e aprendizado, permitindo ao empreendedor errar rápido e com baixo custo em vez de falhar no final do projeto já com um investimento acumulado alto.
- Há várias técnicas que podem ser adotadas para prototipar a proposta de valor.

Questões para revisão

1. Sobre o perfil do cliente, assinale V ou F para as afirmações a seguir.
   ( ) O objetivo é traçar um perfil de cliente genérico que sirva para qualquer tipo de cliente.
   ( ) Um ganho é algo que o cliente deseja obter ao utilizar um produto tangível ou vivenciar um serviço.
   ( ) As dores são aquilo que o cliente necessita realizar, que motivam a busca de um produto.
   ( ) As tarefas do cliente podem ser funcionais, emocionais, sociais ou de apoio.

   Agora, assinale a alternativa que apresenta a sequência obtida:
   a) V, V, F, F.
   b) F, F, V, F.
   c) F, V, F, V.
   d) F, F, F, F.
   e) V, V, V, V.

2. É o protótipo mais simples de executar e parte do princípio de que, assim que uma ideia surge, ela deve ser apresentada para discussão; além disso, ajuda no desapego para eliminar um protótipo e substituí-lo por outro melhor. Essa descrição é de qual tipo de protótipo?
   a) *Storyboard.*
   b) *Ad-lib.*
   c) Caixa do produto.
   d) Esboço em guardanapo.
   e) Modelo tridimensional digital.

3. Para um aplicativo de transporte de passageiros, faça uma lista com pelo menos duas tarefas do cliente, dois ganhos e duas dores.

4. Classifique os itens a seguir de acordo com os elementos do perfil do cliente na proposta de valor de um hotel. Para isso, assinale D (dores), G (ganhos) ou T (tarefas de usuário).
( ) Esperar mais do que 15 minutos na fila de fechamento da conta.
( ) Receber uma cortesia por ter retornado ao hotel.
( ) Realizar a reserva no *site*.
( ) Pagar a conta.
( ) Preço elevado da diária.

Agora, assinale a alternativa que apresenta a sequência obtida:

   a) D, D, G, T, D.
   b) G, D, T, T, D.
   c) D, G, T, D, T.
   d) D, G, T, T, D.
   e) D, G, G, D, T.

5. Pense em uma companhia aérea ou outra forma de transporte que você já tenha utilizado e faça uma lista com pelo menos duas tarefas de usuário, duas dores e dois ganhos.

Questões para reflexão

1. Crie um canvas de uma proposta de valor de uma organização na qual você atua ou atuou recentemente. Mostre o resultado para pessoas que conheçam essa proposta de valor e questione se as tarefas, as dores e os ganhos fazem sentido. Registre as sugestões e reflita. Crie quantas versões do canvas da proposta de valor puder. Pratique!

2. A partir da proposta de valor gerada na questão anterior, pense em possíveis modificações, que sejam significativas, e desenvolva protótipos de soluções com base em uma ou mais técnicas que foram discutidas neste capítulo. Não se preocupe com a aparência dos protótipos, pois eles são feitos para gerar aprendizado, não para encantar.

Capítulo 3

A proposta de valor em um modelo de negócios viável

Conteúdos do capítulo:

- Elementos de um modelo de negócios.
- Canvas de um modelo de negócios.
- Riscos de um modelo de negócios.

Após o estudo deste capítulo, você será capaz de:

1. diferenciar os elementos de um modelo de negócios, que incluem a proposta de valor;
2. elaborar um canvas de modelo de negócios;
3. reconhecer riscos de um modelo de negócios.

3.1 Uma proposta de valor fantástica não garante o sucesso empresarial

Então quer dizer que uma boa proposta de valor, focada em tratar das dores mais relevantes do cliente e gerar os ganhos que ele considera mais importantes e desenhada para ajudá-lo a realizar as principais tarefas que precisa executar, não é suficiente? Não, somos obrigados a afirmar, sem a mínima intenção de desmotivar o empreendedor, que isso não é suficiente!

Isso porque não há proposta de valor que se sustente sem que seja incorporada a um negócio viável. A proposta de valor vai garantir que o cliente deseje o que está sendo oferecido, e ponto. Mas, ao rever o perfil do cliente e o mapa de valor, que mostra como a proposta atende esse cliente específico, há ainda algumas questões a serem respondidas. O que é preciso para entregar essa proposta de valor? Quais processos precisam ser executados? Quais são os principais custos envolvidos na prospecção de clientes, na produção, na logística e em outros aspectos do negócio? Como garantir uma receita única ou recorrente que sustente o negócio? O que é preciso para produzir o bem ou serviço em termos de recursos? Como será o relacionamento com o cliente: de curto prazo, de longo prazo, com fidelização, por meio de um assessor pessoal? Quais são os canais para conhecer, comprar, receber e acessar o serviço de pós-venda? Todas essas perguntas são respondidas com os segmentos do canvas de modelo de negócios (*business model canvas*), desenvolvido por Osterwalder e Pigneur (2011).

3.2 O canvas de modelo de negócios

Agora é o momento de conhecer o canvas do modelo de negócios proposto por Osterwalder e Pigneur (2011). No mesmo estilo visual do canvas da proposta de valor e também desenvolvido para ser trabalhado com notas adesivas reais ou virtuais, o canvas do modelo de negócios é apresentado na figura a seguir.

Figura 3.1 – O canvas do modelo de negócios

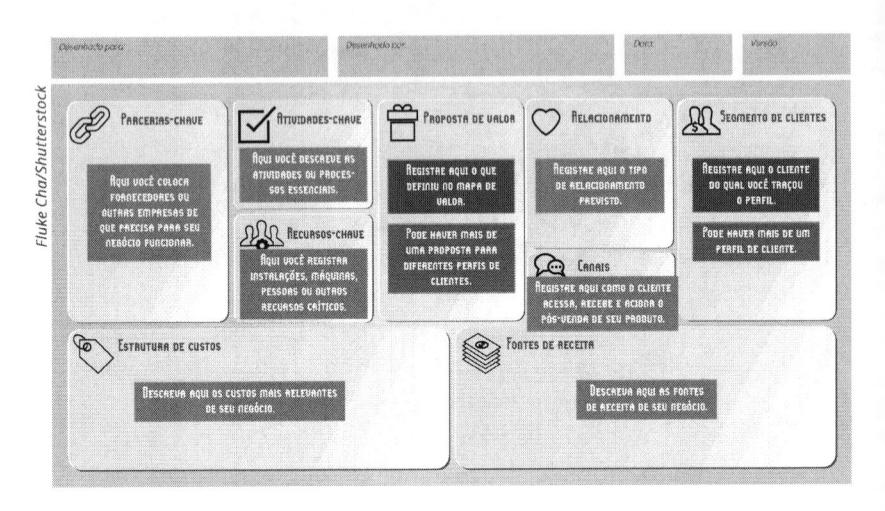

Fonte: Elaborado com base em Osterwalder; Pigneur, 2011.

Para você entender melhor os elementos do modelo de negócios, apresentaremos uma descrição mais completa de cada um deles a seguir, com base em Osterwalder e Pigneur (2011).

3.2.1 Segmentos de cliente

Antes de definir o que ofertar, é preciso definir para quem se pretende entregar valor. Um modelo de negócios pode atender a diferentes perfis de clientes. Osterwalder e Pigneur (2011) propõem alguns tipos de segmentos de clientes:

- **Mercado de massa** – Há um único segmento, sem diferenciação de proposta de valor, canais e relacionamento. Exemplo: restaurante de *self-service* (autoatendimento) de baixo custo.

- **Nicho de mercado** – É formado por poucos clientes, que se dispõem a pagar um valor maior por uma solução especializada. Exemplo: hotel de alto padrão para executivos.

- **Segmentado** – Essa forma de segmentação é comum em grandes bancos, que dividem os clientes em categorias para permitir a diferenciação do atendimento: *standard* (padrão), com relacionamento praticamente de *self-service*; *premium* (prêmio), com gerente de contas específico; e *infinity* (infinidade), com atendimento especializado e espaços de atendimento requintados. As necessidades básicas dos clientes são as mesmas (realizar serviços financeiros), mas a proposta de valor ou outros elementos do modelo de negócios têm diferenciações significativas.

- **Diversificado** – O modelo de negócios atende a segmentos de clientes bastante distintos. Um fabricante de computadores atende varejistas, clientes domésticos com venda direta e clientes empresariais com atendimento consultivo e venda de serviços adicionais de gestão de TI (tecnologia da informação).

- **Plataforma multilateral** – Ocorre quando é preciso que existam dois segmentos de clientes para a proposta de valor funcionar. A plataforma serve de elo entre os grupos com necessidades complementares. O Uber é um modelo bilateral, com propostas de valor totalmente diferentes para os motoristas e os passageiros. O Airbnb* faz algo similar com donos de imóveis e interessados na locação desses imóveis.

---

* Airbnb: plataforma para locação de imóveis inteiros ou cômodos, em vez de acomodações em hotéis e pousadas.

3.2.2 Proposta de valor

A proposta de valor vem sendo abordada desde o início deste livro. Ela pode ou não partir do canvas de modelo de negócios, podendo surgir antes deste. Porém, no modelo de negócios, a proposta de valor tem posição central, pois conecta a forma como a empresa realiza os produtos com os meios de interação com o cliente. Como já vimos, para cada perfil de cliente atendido pelo modelo de negócios, é preciso estabelecer uma proposta de valor.

Embora resumida, a proposta de valor deve deixar claro o que vai ser entregue para o cliente. Há dois elementos que garantem a transferência do valor previsto na proposta para o cliente: o relacionamento e os canais.

3.2.3 Relacionamento com o cliente

Em poucas situações um empreendedor fica satisfeito em fechar negócio com o cliente uma única vez, a não ser que tenha consciência de que o que é oferecido não tem nenhum valor. Vendas recorrentes para a base de clientes existentes é o que todo empreendedor espera conseguir para manter a empresa saudável. Cabe destacar também o potencial de atuação do cliente como promotor da empresa como um todo ou de um produto em particular, ou seja, um agente de *marketing* que ainda remunera a empresa.

Entre as formas de relacionamento, podemos citar: assistente pessoal humano ou com base em inteligência artificial; autoatendimento (*self-service*); comunidades (espaço para clientes interagirem e se ajudarem); cocriação (o cliente participa da concepção, avaliação e recomendação do produto). É comum utilizar diferentes formas de relacionamento para um mesmo cliente, devendo haver o cuidado para não confundir o cliente com o excesso de opções e para assegurar um mínimo de uniformização entre os canais usados. A empresa de computadores Dell mantém uma comunidade para os clientes resolverem problemas técnicos, serviços automatizados de diagnóstico e atualização de *software*, além de assistência pessoal durante a garantia (Dell, 2023). Quanto mais usuários fazem uso dos fóruns, mais valor essa forma de relacionamento agrega.

3.2.4 Canais

Os canais definem como a empresa comunica, negocia e entrega a proposta de valor. Se os clientes não conhecem a proposta de valor, ou não a entendem, trata-se de um forte indicativo de um problema na definição ou gestão de canais. Os canais devem também facilitar o acesso e o fechamento da compra. Uma boa definição de canais para entregar o produto ao cliente no tempo certo e sem perda de qualidade no caminho também é fundamental.

Um exemplo de má definição e gestão dos canais de relacionamento com o cliente é uma academia na qual o interessado em se matricular para a atividade de musculação recebe três preços diferentes de mensalidade ao fazer contato por três canais diferentes: por telefone, por WhatsApp e pessoalmente.

Assim como ocorre com as formas de relacionamento, pode também haver múltiplos canais disponíveis para um mesmo perfil de cliente. O processo de compra, por exemplo, pode ser feito em lojas físicas, no *e-commerce* e até diretamente, com consultores via WhatsApp, Instagram e outras redes sociais. Mais uma vez: deve haver cuidado com a competição "desleal" entre canais de uma mesma empresa.

3.2.5 Fontes de receita

Como já mencionamos, uma proposta de valor unidirecional, que só entregue valor para o cliente, não é sustentável. É preciso que exista o retorno na forma de receita – valor saindo da empresa, dinheiro entrando. Sem isso, é uma ideia desejável, porém não viável.

Entre as fontes de receita, podemos citar:

- Venda simples – O cliente faz um pagamento único. Exemplo: compra de um automóvel.
- Taxa de uso – O cliente paga o quanto usa. Exemplo: transporte por aplicativo.
- Assinatura – O cliente paga por um período. Exemplo: seguro veicular mensal.
- Locação – O cliente paga mensalmente e fica com a posse temporária do bem. Exemplo: locação de veículo.
- Licenciamento – O cliente paga pelo direito de uso de algo com proteção de direitos intelectuais. Exemplo: uso, por fabricante de automóveis, mediante licenciamento, de tecnologia patenteada por terceiros.
- *Free* (livre) com anúncios – Não há qualquer pagamento, desde que o cliente aceite assistir a anúncios que geram receita para a empresa. Exemplo: aplicativos gratuitos para *smartphones*.
- *Free* com compras opcionais – Os recursos básicos são gratuitos, mas há a opção de compra de recursos. Exemplo: aplicativos de jogos e apostas.

Um ponto relevante sobre as fontes de receita é que elas dependem muito do estágio e da visão de futuro da empresa. Oferecer serviços grátis pode parecer algo totalmente contraintuitivo. Há quem pense que se trata até de uma insanidade. Contudo, dependendo no negócio, os serviços *free* não geram receita, mas criam uma base de clientes que tem um grande valor.

Por isso, é importante que o empreendedor avalie se a definição de fontes de receita não é por demais imediatista. É possível, em um canvas de modelo de negócios, projetar as fontes de receita atuais, no médio e no longo prazo. Pode ser que o empreendedor opte por manter o serviço grátis nos primeiros anos, tendo a ciência de que serão necessários recursos próprios ou financiados para sustentar o negócio até que ele tenha escalado e gerado valor a ponto de, se possível, começar a cobrar pela totalidade ou parte dos serviços.

3.2.6 Recursos

Uma empresa usa todo um conjunto de recursos para viabilizar a produção do bem ou serviço. Uma proposta de valor altamente desejável pelo cliente, mas em que os recursos na quantidade e no tempo certos não são garantidos, não se sustenta. No canvas de modelo de negócios, devem ser descritos os principais recursos, entre físicos, intelectuais, humanos e financeiros. Os recursos podem ser internos ou contratados de parceiros.

São exemplos de recursos:

- físicos – salas, computadores, veículos;
- intelectuais – marca, patentes, bancos de dados, listas de clientes, processos, conhecimentos, sistemas;
- humanos – os principais recursos para desenvolvimento, negociação e suporte dos produtos;
- financeiros – fontes de recursos internas, como aquelas decorrentes da venda de outros produtos e de linhas de crédito para financiamentos.

3.2.7 Atividades-chave

Há um número quase infindável de atividades que uma empresa precisa realizar, entre os processos principais, de suporte e gerenciais. No modelo de negócio, devem ser descritas as atividades-chave, as principais atividades que merecem atenção especial por serem mais críticas. Lembre-se: tanto o canvas de modelo de negócios como o canvas de proposta de valor devem ter descrições sucintas dos respectivos elementos constituintes.

As atividades de produção e logística garantem que o produto ou serviço seja gerado no momento certo, conforme as especificações definidas para atender aos requisitos do cliente.

Em algumas organizações, toda a produção é terceirizada, e o *design* do produto passa a ser a principal atividade-chave.

Alguns modelos de negócios são focados na solução de problemas. O cliente apresenta uma demanda e aciona uma proposta de valor que satisfaça suas necessidades. Cursos sob medida, consultoria e serviços médicos têm a solução de problemas como atividade-chave.

3.2.8 Parcerias principais

Como dificilmente é possível realizar todas as atividades-chave e obter todos os recursos internamente, é preciso que a empresa descreva no modelo de negócios as principais parcerias. Os principais fornecedores de insumos, prestadores de serviços terceirizados, empresas que licenciam tecnologia e fornecedores de *software* devem ser descritos no campo de parceria do canvas.

Uma empresa busca uma parceria para garantir confiabilidade de fornecimento, redução de riscos, redução de custos e outros aspectos. Esses fornecedores parceiros passam a desempenhar atividades-chave, as quais, se bem executadas, contribuem para a satisfação do cliente.

Parcerias bem estabelecidas e gerenciadas permitem ainda que a empresa mantenha o foco nos aspectos principais do negócio. Uma empresa de equipamentos eletrônicos que tenha de fabricar as embalagens, envolvendo materiais como papelão, plástico, isopor e outros, além de várias operações de transformação desses insumos na embalagem, está desviando o foco para atividades que não são relevantes para a indústria na qual atua.

3.2.9 Estrutura de custos

A partir da definição de todos os demais elementos do canvas, a estrutura de custos do modelo de negócios vai sendo composta. Os custos fixos independem da quantidade vendida e produzida, como a locação de imóveis e as mensalidades de serviços básicos (água, luz, internet, vigilância). Esses custos fixos podem tornar o modelo de negócios inviável para baixos volumes.

Já os custos variáveis são proporcionais às quantidades fornecidas. A aquisição de matéria-prima, as comissões de venda e o custo com frete para a entrega do produto ao cliente são exemplos de custos variáveis.

Há modelos de negócios que se tornam viáveis, principalmente em termos de estrutura de custos, somente quando o cliente paga primeiro e recebe depois, uma das grandes vantagens do *e-commerce*. A Dell foi pioneira em adotar esse modelo na indústria de computadores pessoais.

Uma vez que se conhece a estrutura do modelo de negócios, você pode estar se perguntando, como o modelo de negócios se relaciona com a proposta de valor? Veja na figura a seguir como é feito o alinhamento entre os dois modelos, com base nos respectivos canvas.

Figura 3.2 – Alinhamento entre o canvas de modelo de negócios e o canvas de proposta de valor

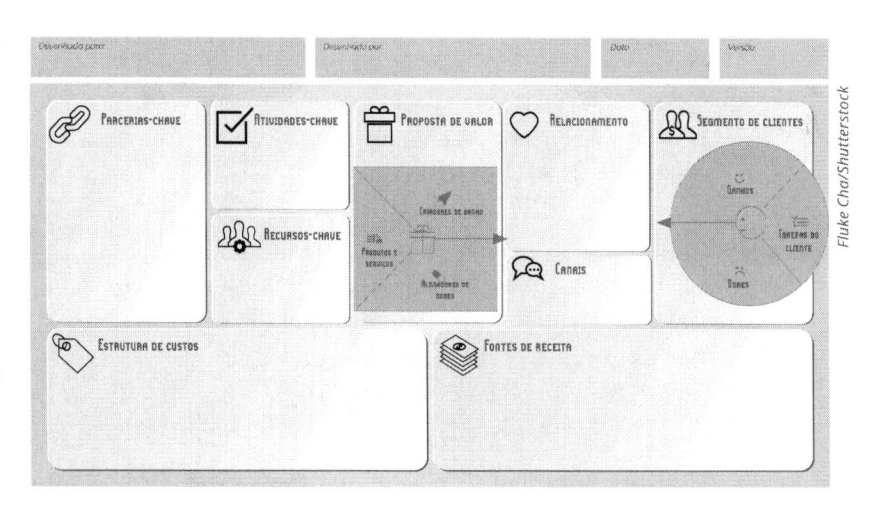

Fonte: Elaborado com base em Osterwalder; Pigneur, 2011.

De uma forma simplista, podemos dizer que o canvas de proposta de valor, composto pelo mapa de valor e pelo perfil do cliente, é concebido com base no princípio do foco do cliente, contemplando dois dos segmentos do canvas de modelo de negócios.

3.3 O efeito da proposta de valor no modelo de negócios

Quando a proposta de valor é inserida no canvas de modelo de negócios, pode ser que ela se mostre inviável. É nesse momento que o empreendedor deve repensar cada um dos outros sete quadrantes do canvas de modelo de negócios e fazer perguntas, conforme os exemplos a seguir:

- É possível formar **parcerias** para reduzir custos, dividir riscos e diferenciar-se da concorrência? Muitas lanchonetes e restaurantes se associam a fabricantes de bebidas que oferecem mobiliário e itens de decoração, criando ambientes diferenciados com baixo custo para o estabelecimento.
- A **estrutura de custos** pode ser otimizada para melhorar a lucratividade ou ofertar um preço mais atrativo para o cliente? Por exemplo, as empresas aéreas *low cost** (baixo custo) – aquelas que ofereciam barrinhas de cereais – eliminaram todos os itens não essenciais, passaram a operar com modelos de avião únicos para reduzir a despesa de manutenção e buscaram operar em aeroportos

---

* As empresas aéreas de baixo custo (*low cost*) surgiram na década de 1970, sendo uma das primeiras a norte-americana Southwest (Carneiro, 2021).

com custo de operação menor, atraindo passageiros que até então nem usavam o modal aéreo (Carneiro, 2021).

- As **atividades-chave** estão bem definidas? Há algumas delas que precisam ter os processos aprimorados para aumentar a eficiência ou reduzir falhas? Com a terceirização de tarefas ou com o movimento inverso de internalização, é possível tornar a proposta de valor mais atraente ou o modelo de negócios mais competitivo. Muitas empresas terceirizaram vários serviços de TI para poderem se tornar viáveis em mercados de baixo custo.
- Todos os **recursos-chave** estão disponíveis, de forma confiável? Há algum recurso que pode ser mais bem aproveitado para gerar propostas de valor melhores? Uma tecnologia da qual se detém uma patente de invenção até então não utilizada pode ser o ponto de partida para um modelo de negócios inovador.
- As formas de **relacionamento** com o cliente estão claramente definidas? Para os perfis de clientes escolhidos, é possível pensar em outras formas de relacionamento a fim de garantir a fidelidade e o encantamento?
- Os **canais** por meio dos quais a proposta de valor é comunicada e entregue podem ser ampliados ou diversificados? Os canais disponíveis para o pós-venda são efetivos no atendimento das demandas do cliente? Por exemplo, bancos digitais mudaram completamente a forma de relacionamento com clientes, eliminando totalmente as agências físicas, e passaram a prosperar em certos segmentos de clientes.
- Há outras **fontes de receita** que podem ser exploradas? As fontes de receita atuais podem ser refinadas? Em várias inovações, uma fonte de receita única gerada na aquisição do produto foi complementada ou mesmo substituída pela receita recorrente de aquisição de insumos ou pagamento de mensalidade pelo serviço. Por exemplo, a Microsoft chegou a dar descontos de 50% no pacote de produtividade

Office 365 e, com isso, substituiu um pagamento de valor elevado pelo produto por um pagamento anual mais acessível, com efeito positivo na redução da pirataria de *software* (De Blasi, 2021).

Caso as respostas para todas essas questões sejam negativas e não seja possível otimizar o modelo de negócios para abrigar a proposta de valor, será preciso voltar para o canvas da proposta de valor e talvez simplificar os produtos, reduzir os ganhos ou mesmo focar um número menor de dores do cliente para serem aliviadas. Nesse caso, será necessário submeter novamente a proposta ao cliente para avaliar se ela continua atrativa.

Consegue perceber que há um movimento de ida e volta entre a proposta de valor e o modelo de negócios? É possível iniciar trabalhando a proposta de valor, por meio do canvas de proposta de valor, definindo o perfil do cliente e o mapa de valor, e depois preencher o canvas de modelo de negócios. Ou, então, parte-se de um modelo de negócios definido e busca-se o aprimoramento, alterando a proposta de valor. Uma alteração no canvas de proposta de valor pode exigir uma revisão do canvas de modelo de negócios e vice-versa.

É até possível trabalhar com o canvas de modelo de negócios isoladamente, já que ele contempla de forma resumida a descrição da proposta de valor e o perfil do cliente. Porém, ter uma boa proposta de valor e um bom entendimento do cliente sem o uso do canvas de proposta de valor pode ser algo bastante difícil. Daí a importância de um empreendedor ou colaborador da empresa investir na leitura deste livro para poder estabelecer propostas de valor realmente importantes e impactantes.

Para o caso da escola de idiomas para a terceira idade que utilizamos como exemplo no capítulo anterior, o canvas de modelo de negócios é mostrado na figura a seguir.

Figura 3.3 – Canvas de modelo de negócios da escola de idiomas para a terceira idade

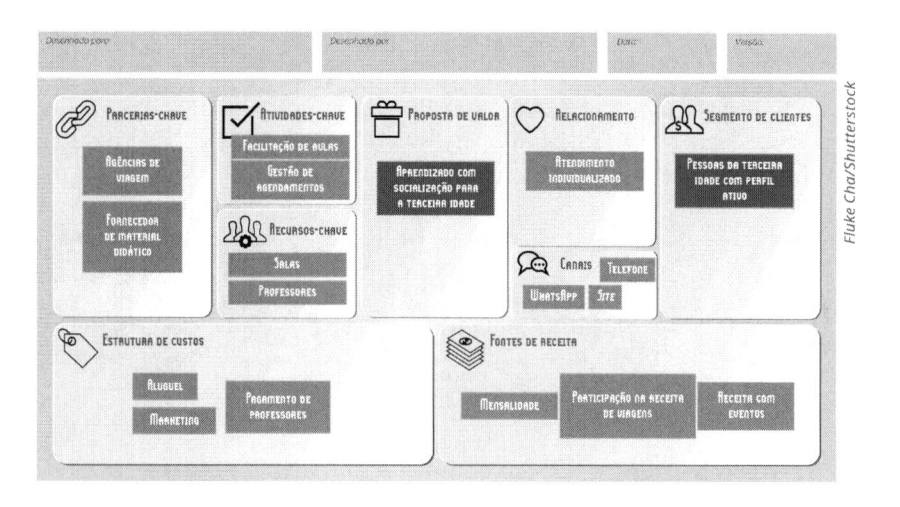

Parcerias-chave	Atividades-chave	Proposta de valor	Relacionamento	Segmento de clientes
Agências de viagem	Facilitação de aulas	Aprendizado com socialização para a terceira idade	Atendimento individualizado	Pessoas da terceira idade com perfil ativo
Fornecedor de material didático	Gestão de agendamentos			
	Recursos-chave		Canais	
	Salas		Telefone	
	Professores		WhatsApp Site	

Estrutura de custos	Fontes de receita
Aluguel	Mensalidade
Marketing	Participação na receita de viagens
Pagamento de professores	Receita com eventos

Fluke Cha/Shutterstock

Fonte: Elaborado com base em Osterwalder; Pigneur, 2011.

No exemplo da figura, a proposta de valor fica no centro: aprendizado com socialização para a terceira idade. A partir daí são definidos os demais elementos do modelo de negócios, que devem ser pensados de forma a garantir a viabilidade. Uma vez criada uma primeira versão do canvas de modelo de negócios, todos os seus elementos podem ser alterados para aprimorar a viabilidade do negócio e sua atratividade tanto para o cliente como para os investidores.

Lembra que falamos que, para cada perfil do cliente, é necessário elaborar um canvas de proposta de valor? Pois isso é realmente importante. Em uma companhia aérea, por exemplo, há o cliente executivo de negócios em viagem, o casal em viagem de lua de mel, a família em viagens de férias escolares, o estudante mochileiro. Todos eles usam o mesmo serviço básico, que é o transporte aéreo, e têm uma mesma necessidade funcional: transporte rápido em médias e longas distâncias. Mas há outras atividades a serem realizadas que são diferentes para cada perfil, sem contar as dores e os ganhos esperados.

Por isso, um canvas de modelo de negócios pode conter várias propostas de valor e vários segmentos de clientes atendidos. Na figura a seguir, veja o exemplo de um fabricante de produtos de higiene pessoal para hotéis.

Figura 3.4 – Várias propostas de valor para diferentes perfis de clientes

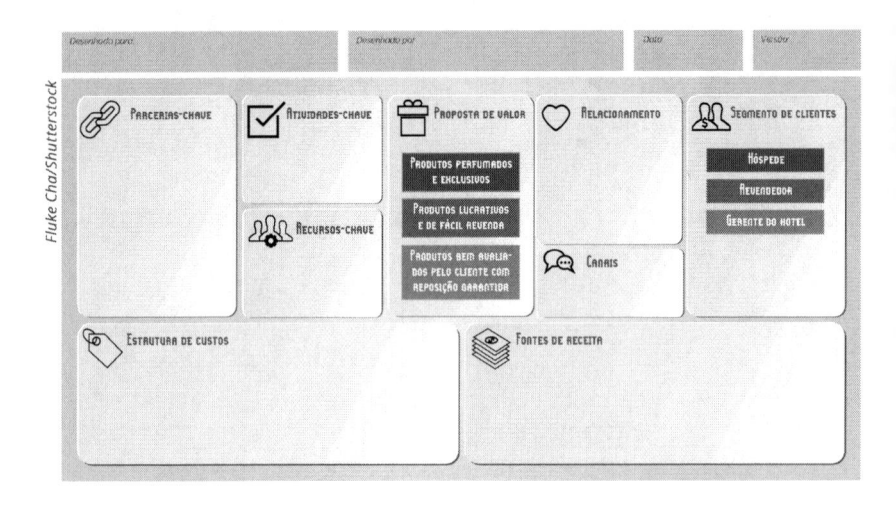

Fonte: Elaborado com base em Osterwalder; Pigneur, 2011.

Note que, no modelo de negócios em questão, o fabricante de produtos de higiene (xampus, sabonetes, cremes) normalmente não vende para o cliente final nem para o hotel. A venda é feita para um revendedor, que faz a venda para a rede hoteleira. Há, então, pelo menos três perfis de clientes. Cada um é seduzido por uma proposta de valor. Se o hóspede do hotel não gostar dos produtos, vai reclamar e registrar a insatisfação. Se o produto não tiver uma produção confiável, vai faltar ocasionalmente, causando transtorno para o gerente do hotel. Já o revendedor quer produtos com boa margem de lucro e que vendam rápido.

Cabe ressaltar que, para cada proposta de valor presente no modelo de negócios, é interessante que haja um canvas de proposta de valor específico. Ademais, o desenvolvedor deve lembrar que cada segmento de cliente demanda um perfil de cliente diferente (o lado direito do canvas da proposta de valor).

3.4 A viabilidade do modelo de negócios

No início do livro, tratamos dos três tipos de viabilidade em uma proposta de inovação. Agora, vamos resgatar o assunto para discutir a viabilidade do modelo de negócios. Conforme demonstra a figura a seguir, a inovação ocorre na intersecção entre os três tipos de viabilidade. Enquanto não houver o encontro dos três tipos de viabilidade, o que está sendo oferecido pode até ser novidade, mas não é inovação.

Figura 3.5 – O espaço da inovação no encontro das três viabilidades

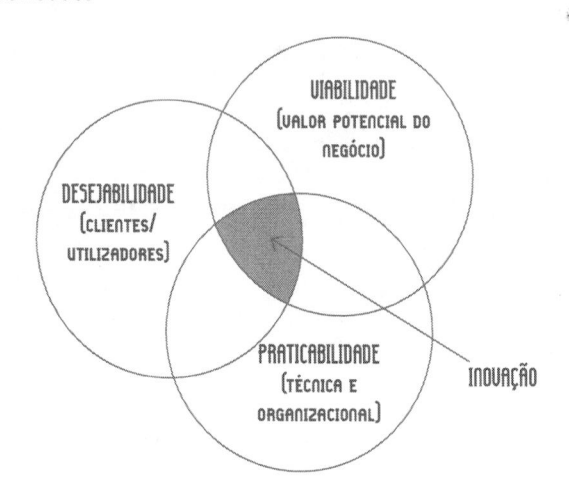

Fonte: Elaborado com base em Brown, 2010.

E como garantir a convergência das três viabilidades da inovação para assegurar o sucesso do negócio? Não há uma única resposta, mas é possível convergir para esse encontro dos tipos de viabilidade a partir da avaliação e reformulação do modelo de negócios. Vejamos como isso pode ser feito.

Conforme ilustrado na figura a seguir, é possível dividir os elementos do canvas de modelo de negócios com base no tipo de viabilidade ao qual eles estão associados. A proposta de valor, definida para o cliente certo, com canais que facilitem a comunicação e a entrega de valor, garante a desejabilidade. A disponibilidade da capacidade requerida e o acesso aos recursos necessários são garantidos, internamente, com a definição e a boa gestão das atividades e recursos-chave e, externamente, com as parcerias. A fórmula do lucro composta pelas fontes de receita e pela estrutura de custos vai garantir a sustentabilidade do negócio.

Figura 3.6 – O canvas de modelo de negócios e os três tipos de viabilidade da inovação

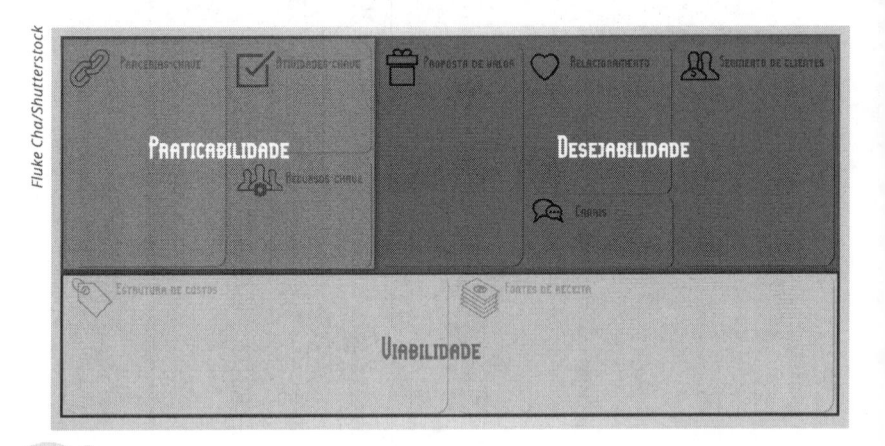

Fonte: Elaborado com base em Osterwalder; Pigneur, 2011.

Esse olhar para a viabilidade do modelo de negócios não pode ser negligenciado, sob pena de, ao final de um projeto, haver um belo quadro com notas adesivas, ou lindos *slides* em uma apresentação, mas sem qualquer possibilidade de sucesso.

3.5 Gerenciamento de riscos do modelo de negócios

A análise de viabilidade é muito válida na etapa do projeto. Porém, depois que o modelo de negócios é implantado, é necessário gerenciar os quatro tipos de riscos associados ao modelo de negócios, assim definidos por Osterwalder et al. (2021):

1. **Risco de desejo** – Os clientes não se interessam pelo que está sendo oferecido. Está associado à proposta de valor, aos canais, ao relacionamento e ao perfil do cliente.
2. **Risco de viabilidade** – A empresa não gera lucro suficiente para manter o negócio. Relaciona-se com a estrutura de custos e fontes de receita.
3. **Risco de praticabilidade** – Não é possível produzir nem integrar os produtos e serviços previstos na proposta de valor. Aqui o foco é nas atividades-chave, nos recursos e nas parcerias.
4. **Risco de adaptabilidade** – A empresa não consegue encaixar-se no contexto externo, por força de regulação, situação econômica desfavorável ou outros fatores. Esse tipo de risco está relacionado com o modelo de negócios como um todo.

Na figura a seguir, é evidenciado o risco de adaptabilidade, relacionado com os fatores externos que atuam como restrições ao modelo de negócios.

Figura 3.7 – Os quatro tipos de riscos do modelo de negócios

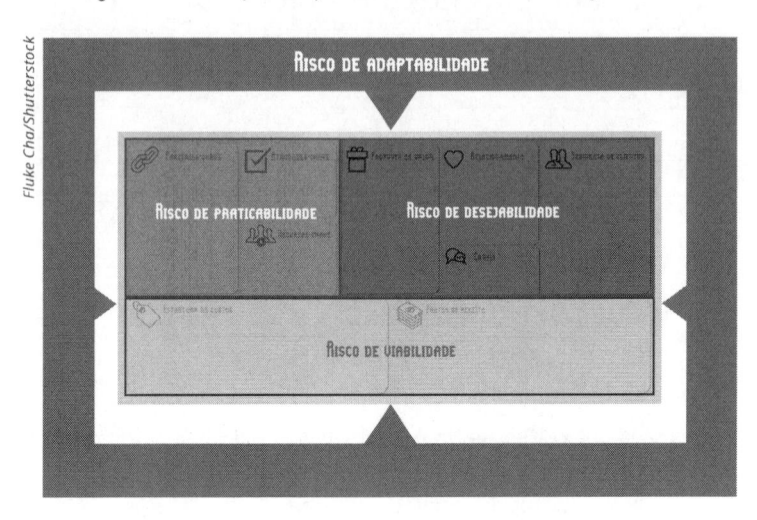

[Figura: diagrama com Risco de Adaptabilidade (topo), Risco de Praticabilidade (esquerda), Risco de Desejabilidade (direita) e Risco de Viabilidade (base).]

Fluke Cho/Shutterstock

Fonte: Elaborado com base em Osterwalder; Pigneur, 2011.

Nunca é demais lembrar que o conceito de *risco* corresponde à medida da probabilidade de algo ocorrer multiplicada pelo impacto gerado caso se concretize, ou seja:

risco = probabilidade x impacto

Na pior situação, algo tem alta probabilidade de ocorrer e o impacto é severo. Por exemplo, o atraso na entrega de um serviço expresso de transporte de órgãos para transplantes realizado por via terrestre em locais com forte incidência de neve tem alta probabilidade de ocorrer, e o impacto é a perda de uma vida humana, grau máximo de severidade.

Para cada elemento do modelo de negócios, é possível levantar riscos e seus impactos para definir contramedidas. Um risco de falha em um recurso crítico usado na produção do produto ou na comercialização do produto no *e-commerce* pode ter a probabilidade reduzida com o uso da redundância, que consiste em dispor de um recurso reserva idêntico ou com desempenho inferior, mas aceitável, pronto para ser acionado em caso de falha no titular.

Para reduzir o impacto associado a determinados riscos do modelo de negócios, pode-se pensar em formas de compensar o cliente no caso de falha, como incluir um seguro se houver atraso na entrega. A satisfação do cliente será afetada, mas a compensação pode reduzir o impacto negativo do atraso.

Para auxiliar na visualização dos riscos do modelo de negócios, o empreendedor pode usar uma matriz de risco como a mostrada na figura a seguir. Se essa matriz for implementada em um painel virtual ou físico, notas adesivas podem ser incluídas em cada risco, posicionando-se o risco no cruzamento dos níveis de probabilidade e impacto correspondentes. Riscos nos quadrantes mais escuros devem receber maior atenção. Há matrizes com mais níveis de probabilidade e impacto (por exemplo, cinco para cada critério). É importante também descrever com qual ou quais elementos do modelo de negócios o risco se relaciona.

Figura 3.8 – Matriz de probabilidade e impacto para classificação de riscos

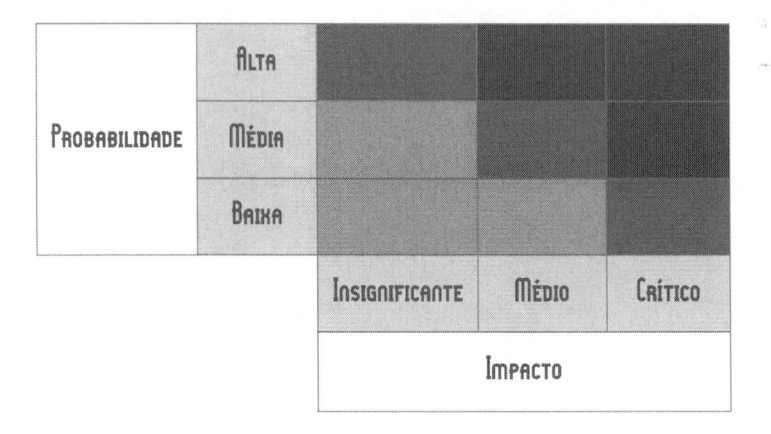

PROBABILIDADE	ALTA			
	MÉDIA			
	BAIXA			
		INSIGNIFICANTE	MÉDIO	CRÍTICO
		IMPACTO		

3.6 Opções de propostas de valor para um mesmo cliente

Já vimos que um canvas de modelo de negócios pode atender mais de um perfil de cliente, com diferentes propostas de valor, enquanto o canvas de proposta de valor deve ser desenvolvido para um único perfil de cliente. O processo pode começar com a criação de múltiplas propostas de valor para um mesmo perfil de cliente e a escolha da proposta mais adequada para ser incorporada ao modelo de negócios.

Vamos voltar ao mesmo perfil de cliente, pessoas da terceira idade, que foi considerado para criar a proposta de valor para o curso de inglês. Considerando-se o mesmo perfil de cliente, poderiam ser criadas diferentes propostas em vez de apenas uma mais abrangente. Isso pode ser mais interessante em algumas situações. Veja, na figura a seguir, diferentes possibilidades de mapa de valor para atender o mesmo público.

Figura 3.9 – Múltiplas possibilidades de mapa de valor para um mesmo perfil de cliente

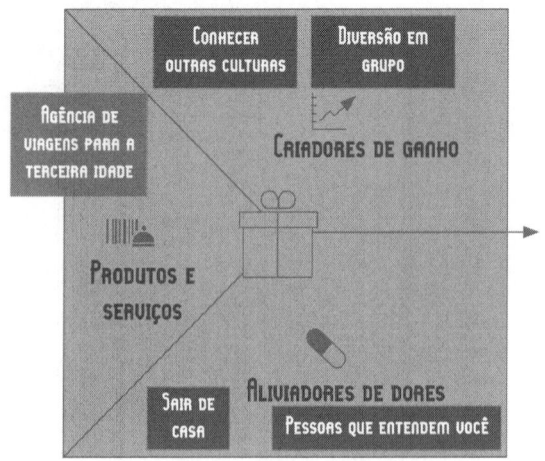

[Figura: Mapa de valor com os elementos:
- Agência de viagens para a terceira idade
- Conhecer outras culturas
- Diversão em grupo
- Criadores de ganho
- Produtos e serviços
- Sair de casa
- Aliviadores de dores
- Pessoas que entendem você]

(continua)

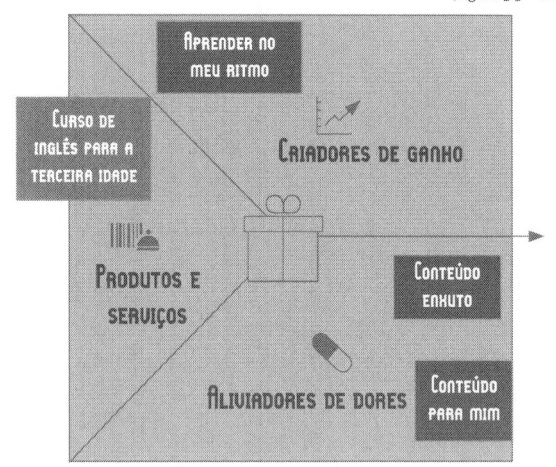

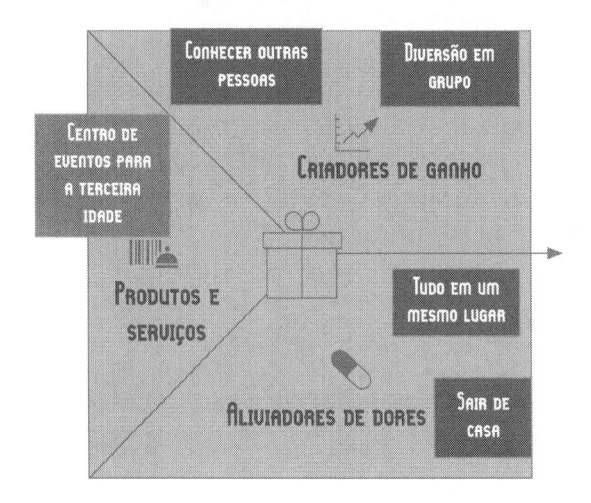

(Figura 3.9 – continuação)

Aprender no meu ritmo

Curso de inglês para a terceira idade

Criadores de ganho

Produtos e serviços

Conteúdo enxuto

Aliviadores de dores

Conteúdo para mim

Conhecer outras pessoas

Diversão em grupo

Centro de eventos para a terceira idade

Criadores de ganho

Produtos e serviços

Tudo em um mesmo lugar

Aliviadores de dores

Sair de casa

(Figura 3.9 – conclusão)

GANHOS: Vontade de viajar; Sem medo de falar o idioma; Sentimento de inclusão; Mais assuntos para conversar; Novo grupo de amigos; Conhecer pessoas; Conversar em viagens; Divertimento; Entender músicas; Ser visto como exemplo para os netos; Manter o cérebro ativo; Aprender sobre outras culturas.

TAREFAS DO CLIENTE

DORES: Demora para concluir curso; Ritmo difícil de acompanhar; Cursos caros; Pagar mensalidade; Desconforto em turma com jovens; Sentir que pode aprender; Sair de casa; Dificuldade com aplicativos e sistemas; Conteúdo fora de sua realidade; Só professores jovens.

Essa mesma lógica de avaliar como diferentes propostas de valor podem competir para atender um mesmo perfil de cliente serve para comparar o que a concorrência oferece com o que a empresa oferece ou planeja entregar para o cliente.

Vale ressaltar que, ao mudar o segmento de cliente que se pretender atingir, é preciso voltar ao início e definir um novo perfil do cliente no canvas de proposta de valor.

Nunca é demais lembrar um erro comum ao se desenvolver a proposta de valor: não se projeta o perfil do cliente, ele é entendido e registrado na parte correspondente do canvas a partir de levantamento de campo, adotando o *get out the building*, ou seja, saindo do prédio, do escritório e indo até o local em que o cliente compra ou consome os produtos e serviços em questão.

Além disso, a partir do momento em que for selecionada uma proposta de valor para substituir uma existente, é preciso rever o encaixe dessa nova proposta no modelo de negócios, pois pode ser necessário rever um ou mais elementos do canvas.

Síntese

Neste capítulo, estudamos os seguintes conteúdos:

- Uma proposta de valor, mesmo que extremamente desejável, que não seja inserida em um modelo de negócios viável não gera diferencial competitivo.
- O modelo de negócios tem nove elementos ou blocos que devem ser descritos no respectivo canvas: segmentos de cliente, proposta de valor, relacionamento com o cliente, canais, fontes de receita, recursos, atividades-chave, parcerias principais, estrutura de custo.
- Uma vez definida uma proposta inicial do modelo de negócios, cada um de seus elementos pode ser questionado em busca de melhorias.
- O modelo de negócios deve ser avaliado sob a ótica dos três tipos de viabilidade: desejabilidade (da proposta de valor), que tem posição central no modelo de negócios; praticabilidade, associada com todos os elementos da parte de cima do modelo de negócios; viabilidade financeira, associada com a comparação entre fontes de receita e estrutura de custos.

Questões para revisão

1. Avalie se cada afirmação a seguir é falsa (F) ou verdadeira (V).
( ) Uma proposta de valor altamente desejável é garantia de sucesso empresarial.
( ) O canvas de modelo de negócios é um detalhamento do canvas de proposta de valor.

capítulo 3

( ) Se uma empresa quer aumentar as receitas, ela deve focar os elementos proposta de valor, canais e relacionamento com o cliente.
( ) A inovação ocorre no encontro entre a desejabilidade, a viabilidade e a praticabilidade.
( ) Risco é a multiplicação do custo pela receita.

Agora, assinale a alternativa que apresenta a sequência obtida:

a) F, V, V, V, F.
b) F, F, V, V, F.
c) V, F, V, V, V.
d) F, F, F, V, F.
e) F, F, V, F, F.

2. Qual das opções a seguir **não** é um dos elementos do canvas de modelo de negócios apresentado?
   a) Canais.
   b) Fontes de receita.
   c) Atividades-chave.
   d) Estrutura de custo.
   e) Dores do cliente.

3. Com relação ao exemplo do curso de inglês para a terceira idade, cite duas fontes de receita.

4. O risco de praticabilidade está relacionado a quais elementos do canvas de modelo de negócios?

5. O serviço de atendimento ao cliente da empresa de seguros pode ser acessado via WhatsApp, com a opção de atendimento automático por meio de inteligência artificial ou com auxílio humano. Essa descrição se refere a qual elemento do modelo de negócios?
   a) Parcerias-chave.
   b) Canais.
   c) Relacionamento.
   d) Recursos-chave.
   e) Fontes de receita.

Questões para reflexão

1. Crie um canvas de modelo de negócios de uma empresa que você conheça. Inclua todos os elementos do canvas. De preferência, faça o modelo usando folhas grandes e notas adesivas. Mostre-o para outras pessoas e peça a elas que surgiram mudanças. Avalie se todos os elementos sustentam a entrega da proposta de valor.

2. Analise o canvas gerado. Faça a análise de pontos fracos em termos de desejabilidade, praticabilidade e viabilidade financeira. O que pode ser mudado para tornar o modelo mais viável?

Capítulo 4

O canvas da proposta de valor na prática

Conteúdos do capítulo:

- Passos para criar um canvas da proposta de valor.
- Seleção de uma proposta de valor.

Após o estudo deste capítulo, você será capaz de:

1. reconhecer os passos para criar um canvas da proposta de valor;
2. diferenciar técnicas para se aprofundar no entendimento do cliente;
3. aplicar formas de seleção de propostas de valor.

4.1 Resumo dos passos para criar um canvas da proposta de valor

Elaborar um canvas da proposta de valor não é um processo trivial, é algo longe de ser uma ciência exata, mas quem está iniciando talvez sinta falta de uma orientação inicial. A seguir, apresentamos uma sugestão de passos a serem tomados pelo empreendedor. Não se trata, porém, de uma receita de bolo nem de um procedimento operacional padrão como se utiliza na indústria.

1. Definir o público-alvo ou o segmento de clientes que a proposta de valor vai atender, tendo em mente que, para cada segmento de clientes, pode ser necessária uma proposta de valor diferente.
2. Relacionar as necessidades e desejos mais significativos desse perfil de cliente, identificados por meio de conversa, observação e questionamento ao cliente.
3. Listar as tarefas que o cliente precisa executar, não se restringindo às funcionais e incluindo as sociais, as emocionais e as de apoio.
4. Descrever as principais dores do cliente.
5. Relacionar os ganhos que se espera obter.
6. Com base nas informações obtidas nos passos 3, 4 e 5, preencher o lado direto do canvas da proposta de valor – o perfil do cliente.
7. Listar os bens e serviços que se vai entregar para ajudar o cliente a realizar as tarefas que precisam ser feitas.
8. Descrever os analgésicos que a proposta contém para eliminar ou aliviar as dores do cliente.
9. Descrever os ganhos esperados pelo cliente que a proposta vai promover.
10. Preencher o lado esquerdo do canvas – o mapa de valor.

11. Certificar-se de que os segmentos das duas partes do canvas da proposta de valor estão alinhados:
    - Bens e serviços x tarefas do cliente.
    - Geradores de ganho x ganhos.
    - Analgésicos x dores do cliente.

4.2 Características de uma proposta de valor vencedora

Há propostas e propostas, algumas com mais, outras com menos valor para o cliente. Em algum momento, as propostas de valor deverão ser avaliadas para que se possa prosseguir com as mais promissoras, embora esse processo esteja "muito" longe de ser uma ciência exata. Osterwalder et al. (2019) apresentam dez características de uma proposta de valor excelente:

1. **Viável** – A proposta de valor se encaixa em modelos de negócios efetivos, garantindo o sucesso de negócio e não apenas a satisfação do cliente.
2. **Relevante** – É baseada em tarefas, dores e ganhos que fazem a diferença para o cliente.
3. **Útil** – É desejável por ter como alvo lacunas na forma de tarefas não satisfeitas, dores não resolvidas e ganhos não realizados. Em resumo, faz o cliente pensar que precisa da solução em questão, mesmo que nunca tenha pensado nisso até conhecer o novo produto.
4. **Enxuta** – Em vez de tentar contemplar tudo o que foi levantado no perfil do cliente, os responsáveis pela elaboração da proposta de valor focam poucas tarefas, dores e ganhos, mas o fazem extremamente bem.
5. **Abrangente** – Considera não apenas as tarefas funcionais, mas também as tarefas emocionais, sociais e, inclusive, as de apoio.

6. **Recompensadora** – Contribui para o cliente ter a sensação de sucesso, de sentir que fez uma boa escolha.
7. **Lucrativa** – Fornece soluções aos clientes para tarefas, dores e ganhos que muitos deles têm (ganhar pouco de muitos clientes) ou que alguns darão muito dinheiro para resolver (ganhar muito de poucos clientes).
8. **Diferenciada** – Cria vantagens em relação à concorrência por se direcionar a tarefas, dores e ganhos que importam para o cliente e que as demais propostas existentes ainda não atendem.
9. **Competitiva** – Tem características muito superiores àquilo que os concorrentes oferecem em pelo menos em um aspecto.
10. **Segura** – É difícil para os concorrentes copiarem o que está sendo oferecido, por conta de alguns elementos ou pelo conjunto da proposta de valor.

Quanto mais dessas dez características forem incorporadas na proposta de valor, maior será a chance de ela oferecer alto valor agregado aos clientes e ter sucesso no mercado. O empreendedor deve usar a totalidade ou parte desses dez critérios como referenciais para selecionar propostas de valor.

4.3 As principais dificuldades na utilização do canvas da proposta de valor

Embora o canvas da proposta de valor seja uma ferramenta aparentemente simples em relação ao formato e ao tipo de informação que se precisa registrar em sua elaboração, algumas dificuldades podem surgir, principalmente no início de sua adoção. A seguir, descrevemos as principais dificuldades que o empreendedor pode encontrar, não para gerar preocupação, mas para oportunizar a preparação para enfrentá-las.

1. **Indefinição sobre o perfil do cliente** – Sem a definição clara do segmento de cliente que se quer atender, não faz sentido levantar dores e ganhos esperados. Seria como um médico fornecer uma a receita sem ver nem ouvir o paciente. Se for necessário atender diferentes perfis, deve ser criado um canvas da proposta de valor para cada um deles.

2. **Dificuldade em identificar as necessidades dos clientes** – Identificar o que o cliente precisa executar, suas tarefas ou *job to be done* é fundamental. Como pode ser difícil entender as necessidades dos clientes, é fácil ceder à tentação e manter o pensamento do tipo "eu já sei o que os clientes precisam, não preciso perguntar". É importante sair a campo, pois a verdade está lá fora!

3. **Falta de criatividade** – Os "e se" e os "porquês" têm de ser trabalhados com criatividade. Se faltar criatividade, provavelmente a proposta de valor será "mais do mesmo", sem novidade nem impacto. Deve-se exercitar a criatividade, o pensar diferente e, caso a criatividade seja um limitador, pode-se realizar um aquecimento criativo antes de começar o desenvolvimento da proposta. Porém, a diferenciação por si só não garante uma boa proposta de valor, pois tem de fazer sentido para o cliente.

4. **Limitações do formato** – Embora o canvas da proposta de valor seja útil para indicar as informações de maneira concisa, ajudando a organizá-las e apresentá-las de forma visual, ele também pode ter limitações. Pode ser que o empreendedor sinta falta de outras informações, tanto no lado do perfil do cliente como no mapa de valor. O canvas não deve ser visto como um trilho, mas como uma trilha, sendo importante usar a criatividade para representar

outros aspectos relevantes, tomando-se o cuidado com o excesso de informação na versão final.

5. **Dificuldade em priorizar as informações** – O empreendedor pode ficar tentado a registrar no canvas tudo o que viu, ouviu, sentiu. Inicialmente, é assim mesmo que ele deve proceder, no momento da divergência. Contudo, aos poucos, é preciso executar a convergência e lembrar que o quadro deve ser uma síntese dos aspectos mais relevantes da proposta de valor, focando os elementos mais críticos para o cliente. Há o momento de "quanto mais informação, melhor", mas depois, após o exercício do desapego, é fundamental garantir que o canvas resuma a informação mais relevante.

6. **Esquecer-se do cliente** – A empolgação e a busca por um produto inovador podem embaçar a lente com a qual se olha o cliente. O estado de imersão em um projeto que é gerado no processo de inovação pode ir distanciando o cliente até que este se torne um borrão quase imperceptível no horizonte. O perfil do cliente não está no canvas por acaso. É necessário sempre voltar o olhar para o perfil do cliente para que a proposta de valor não seja algo sem um destinatário específico.

4.4 Quem é o cliente?

Desde o início deste livro estamos falando sobre o cliente, que deve ser o alvo de todos os esforços da empresa. Mas será que o empreendedor sabe realmente quem é o seu cliente? Se, por acaso, você já tem uma empresa estabelecida e, principalmente, se tem um negócio de sucesso, é bem provável que tenda a responder "sim", sem pestanejar. Porém, a vida dos empreendedores é cheia de surpresas. Além disso, o cliente costuma mudar seu comportamento, suas preferências, e suas dores e percepções de ganhos são variáveis ao longo do tempo.

No caso de uma *startup*, que ainda procura um modelo de negócios consistente e precisa escalar receitas, conhecer o cliente pode ser um desafio ainda maior.

E nunca esqueça de que, quando falamos em clientes, estes podem ser pessoas ou, no caso de negócios B2B (*business to business* – empresa para empresa), outras empresas representadas por pessoas, que desenvolvem os diferentes papéis no processo de compra.

Osterwalder et al. (2019) propõem técnicas para obter *insights* do cliente, das quais selecionamos as seguintes para explicá-las na sequência:

- o detetive de dados;
- o jornalista;
- a análise de redes sociais;

4.4.1 O detetive de dados

Outros autores, como Viana et al. (2012), chamam a técnica de detetive de dados, proposta por Osterwalder et al. (2019), de *pesquisa desk* ou *trabalho de prancheta*. Trata-se de tudo aquilo que independe da interação com o cliente. O empreendedor vai buscar informações disponíveis sobre o mercado que pretende atender, mesmo sem ter um perfil de cliente definido. Um buscador de informações na internet é sempre uma boa opção, sendo o Google Trends, ferramenta do Google, um dos mais utilizados.

Outra forma é verificar as tendências de dois termos de pesquisa. A figura a seguir mostra uma comparação das buscas pelas plataformas de vídeos YouTube e TikTok. Veja que as buscas por YouTube passaram por uma redução desde o início do período selecionado, enquanto as buscas por TikTok tiveram um pequeno aumento, embora ainda permaneça uma diferença significativa.

Figura 4.1 – Resultado de pesquisa Google Trends

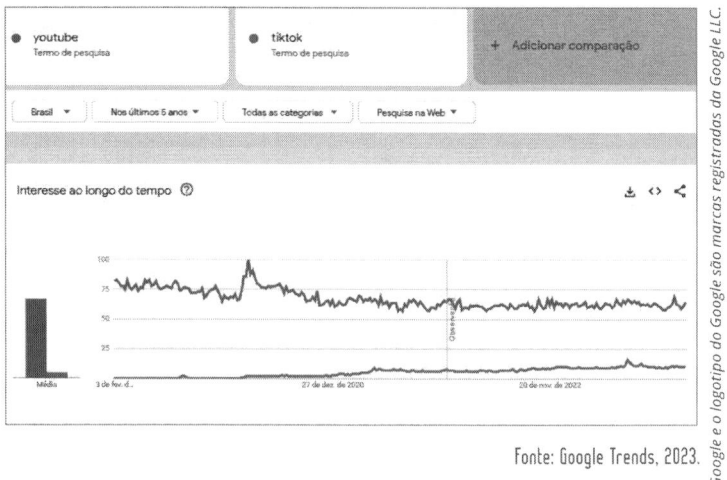

Fonte: Google Trends, 2023.

Planejador de palavras-chave do Google

Uma forma de verificar termos associados com uma ideia é usar o planejador de palavras-chave do Google Ads*. Imagine que você queira oferecer um serviço relacionado às Olimpíadas de 2024. A figura a seguir mostra a pesquisa para o termo *olimpíadas*. Observe, na coluna Mudança YoY, que de um ano para outro a procura aumentou 900%. Usando-se os filtros da ferramenta, é possível refinar a pesquisa de várias formas.

---

* Google Ads: plataforma de anúncios do Google que permite destaques em pesquisas, aplicação de *banners* em *sites* e anúncios no YouTube.

Figura 4.2 – Resultado de pesquisa de planejador de palavras-chave

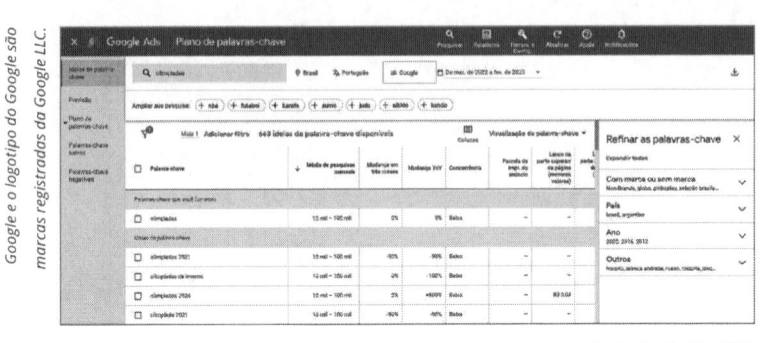

Google e o logotipo do Google são marcas registradas da Google LLC.

Fonte: Google Ads, 2023.

Estatísticas governamentais e de outras instituições

Com um pouco de prática, é possível encontrar informações importantes na página do Instituto Brasileiro de Geografia e Estatística (IBGE, 2023) sobre uma determinada região na qual o negócio pretende se concentrar. Há muita informação disponível, mas é preciso saber o que se quer procurar, já que não há relatórios específicos para subsidiar decisões empresariais.

Um exemplo de serviço do IBGE é a estatística por município, que permite consultar vários tipos de informações sobre uma unidade da Federação, conforme demonstra a figura a seguir.

Figura 4.3 – Resultado de pesquisa por Fernando de Noronha no sistema Cidades@ do IBGE

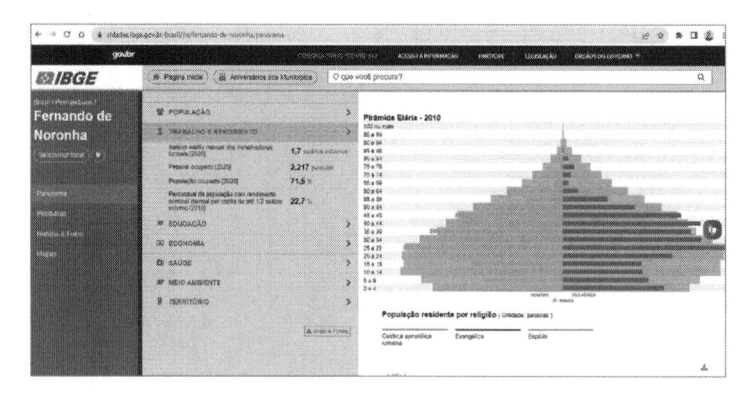

Fonte: Cidades, 2023.

Essa e outras pesquisas disponibilizadas pelo IBGE e outros órgãos governamentais podem ajudar no levantamento de informações que deve anteceder a pesquisa de campo, antes ainda da definição de um segmento de clientes para atender. Trata-se da pesquisa interna como preparação para a pesquisa externa.

Relatórios de pesquisas de terceiros

É possível obter informações importantes de relatórios publicados por associações, empresas, órgãos de fomento à indústria e comércio e mesmo estudos de caso acadêmicos. Há opções pagas e outras gratuitas.

No quadro a seguir constam alguns exemplos de relatórios gratuitos que podem ser consultados como parte do processo de entendimento do perfil do cliente.

Quadro 4.1 – Exemplos de relatórios disponíveis que podem ser usados no processo de detetive de dados

Instituição	Setores	Descrição
IEMI – Inteligência de Mercado	Vestuário; calçados; linha lar; móveis; colchões	Relatórios pagos sobre comportamento do consumidor.
Oracle	Varejo mundial	Consumer Research 2022, um panorama dos consumidores no varejo.
PWC	Comércio global	Relatório Global Consumer Insights Pulse Survey, com quase 10 mil entrevistados.
Octadesk	Geral	Relatório CX Trends (tendências de *customer experience* – experiência do usuário) sobre o comportamento do consumidor. Trata da experiência do cliente durante o consumo, no pré-venda e no pós-venda.

Fonte: Elaborado com base em IEMI, 2023; Oracle, 2023; PWC, 2023; Octadesk, 2023.

4.4.2 Técnica do jornalista: entrevistando clientes

Osterwalder et al. (2019) definem os seguintes passos para a aplicação da técnica do jornalista, que, diferentemente da anterior, exige a definição prévia de um perfil do cliente.

1. Definir o perfil do cliente: antes de partir para a entrevista é preciso definir os alvos, ou seja, quais perfis ou segmentos de clientes entrevistar. [...].
2. Planejar a entrevista: é preciso definir qual a melhor abordagem, em que momento, quantas entrevistas serão necessárias, destacando que não é obrigatório ter significância estatística, pois o momento é de busca de *insights, não de dados*. É preciso ainda definir claramente que tipo de informações se pretende obter.

3. *Realizar a entrevista*: a forma como se aborda o cliente, o aquecimento feito no início da entrevista faz a diferença. Preferencialmente faça a entrevista com duas pessoas, uma perguntando e outra tomando notas não apenas das respostas, mas também da comunicação não verbal do cliente. Pode ser que ao ouvir determinada pergunta o cliente não diga nada muito relevante, mas sua reação, a alteração na fisionomia pode indicar algo importante. E se for possível gravar as respostas melhor ainda, mas se essa opção for adotada veja se não é o caso de pedir para o entrevistado assinar um termo de autorização de uso da gravação para a finalidade de pesquisa. Uma outra opção é dar ao cliente um brinde ou cupom como agradecimento da participação. E busque respostas específicas, como já foi dito anteriormente, ou seja, se o cliente diz estar insatisfeito com algo, como por exemplo atraso no atendimento, questione quanto tempo ele tolera, e a partir de quanto tempo de atraso ele considera inadmissível em um atraso ao ponto de não querer retornar nunca mais.
4. *Traduzir a informação coletada em tarefas, dores e ganhos*: como já dito, não é coleta de dados, mas de insights. Não é um processo orientado por dados, mas centrado no ser humano. Se preferir preencha diretamente estas informações no canvas de proposta de valor usando notas adesivas.
5. *Rever a entrevista*: avalie se as entrevistas realizadas são suficientes, se alguma pergunta importante deixou de ser feita, e se esse for o caso faça entrevistas adicionais. Pode ser que você perceba que alguma informação importante deixou de ser coletada. Ou então, que alguma informação capturada do cliente gerou uma dúvida para ser esclarecida em novas entrevistas.
6. *Buscar padrões*: é comum que os clientes deem respostas contraditórias, mas cabe ao pesquisador encontrar padrões em respostas ou opiniões de clientes diferentes, agrupando as semelhantes ou complementares. Procure por descrição de tarefas, dores ou ganhos comuns aos diferentes clientes entrevistados, que sugiram uma tendência válida para o segmento de clientes. Tente encontrar tendências e similaridades, mas não despreze as divergências, pois podem ser o gatilho para inovações.

7. *Sintetizar o que aprendeu:* uma boa forma de sintetizar o que aprendeu é registrar com notas adesivas em um canvas da proposta de valor, organizar, eliminar respostas duplicadas e enfim fazer o registro final. Deixe claro o que veio diretamente do cliente e o que são suas próprias percepções sobre o que foi observado. Lembre-se que quanto mais próximos os registros daquilo que o cliente falou, sem filtros, melhor. (Osterwalder et al., 2019, p. 110)

> **Importante!**
>
> O empreendedor não pode deixar um possível gosto pessoal por estatísticas contaminar a síntese do aprendizado obtido na entrevista, pois o objetivo é obter *insigths*, padrões, e não dados e sumários estatísticos.

Além disso, nem sempre o cliente fala o que quer dizer. Ross e Tyler (2017) dão o exemplo de um cliente que, ao ser questionado sobre seus desafios e problemas (o que equivale às dores), respondeu que a empresa precisava um novo sistema de *marketing*. O cliente não estava mentindo ao descrever a necessidade de um novo sistema, mas, na verdade, o problema era a incapacidade dos gestores da empresa de tomar decisões assertivas por falta de relatórios confiáveis. Essa é uma boa descrição de dor do cliente.

Por isso, é importante o empreendedor perguntar na entrevista o porquê das coisas sucessivamente, até encontrar a real motivação. Posteriormente, apresentaremos o método dos cinco porquês, que se baseia nesse pensamento investigativo.

4.4.3 A análise de redes sociais

Se o empreendedor puder contar com pessoas capacitadas e acesso a sistemas, poderá usar a análise de redes sociais para conhecer o comportamento de uma grande quantidade de pessoas. Essa análise consiste em monitorar, medir e interpretar o comportamento do cliente nos canais digitais existentes. Esse comportamento é traduzido na forma de reações, comentários, compartilhamentos e republicações, tempo de permanência em páginas de *sites*, frequência de cliques, mensagens, preenchimento de formulários, participação em enquetes, *downloads* de material gratuito diretamente ou mediante inscrições e número de vendas realizadas por meio de Facebook, Instagram e LinkedIn. Há muita informação disponível para analisar.

Com ferramentas avançadas, baseadas em inteligência artificial, é possível analisar os textos dos comentários registrados em redes sociais. Claro que com isso o investimento vai aumentando, razão pela qual esse tipo de aplicação deve ser precedido de um bom planejamento.

E não pense que o monitoramento das redes sociais se restringe às interações dos clientes com a própria empresa. É possível também monitorar as interações dos clientes com os concorrentes. Há vários exemplos de empresas que monitoram os concorrentes a fim de identificar reclamações que viralizaram na rede para usar em ações de *marketing*. Por exemplo, uma empresa de *fast food* que identifica uma reclamação de cliente do concorrente que teve milhares de reações e oferece para esse cliente um ano de produtos grátis pode transformar isso em uma postagem com amplo compartilhamento, criando uma ação de *marketing* assertiva, com um ótimo senso de oportunidade, de grande abrangência e baixo custo.

4.5 Tipos de proposta de valor existentes

Será que é preciso partir do zero, da folha em branco, para desenvolver uma proposta de valor? Ou existem alguns tipos de proposta de valor já validados que o empreendedor pode avaliar se são adequados à sua necessidade, tanto para compor um novo negócio como para inovar a proposta de valor em uma empresa já estabelecida?

capítulo 4

Para iniciar, vamos pensar em dimensões do desempenho na percepção do cliente: custo, prazo, qualidade e flexibilidade. Essas são dimensões tradicionais, que podem embasar propostas de valor. Outra dimensão importante é a redução do risco.

Clientes também se sentem satisfeitos quando recebem soluções sob medida, o que corresponde à dimensão personalização. Há clientes que buscam uma solução completa, ou seja, a dimensão abrangência da proposta de valor. Muito produtos, tanto bens como serviços, sustentam a proposta de valor com base na novidade, atendendo clientes ávidos por perceber a diferenciação em cada experiência de compra. Para muitos, a novidade nos produtos serve para combater a monotonia da vida.

O valor de *status* (prestígio) pode também ser o cerne de uma proposta de valor, a compra realizada para ser valorizado por um grupo, mais do que por necessidade. O acesso facilitado é outro tipo de proposta de valor, que atua no denominador da equação do valor, reduzindo o esforço. A facilidade de uso também é um tipo de proposta de valor bastante procurado.

Vejamos então, no quadro a seguir, um resumo de cada um dos tipos de proposta de valor.

Quadro 4.2 – Tipos de proposta de valor existentes como base para uma nova

Tipo	Descrição	Exemplo
Custo	Promove a redução do custo de aquisição e/ou de utilização.	Sistema de vigilância eletrônica (redução de custo com equipe de portaria).
Prazo	Proporciona um prazo significativamente menor do que as opções dos concorrentes.	Sistema de transporte de trens de altíssima velocidade.
Qualidade	Consiste em oferecer qualidade muito superior às demais opções disponíveis na forma de *design*, desempenho, durabilidade e confiabilidade.	Câmeras de alta qualidade para esportes (desempenho, durabilidade).
Flexibilidade	Permite ao cliente ser atendido de várias formas em termos de prazo, seleção de itens e outros aspectos.	Indústria de plásticos que fornece lotes pequenos em mercados que só vendem em grandes quantidades.
Risco	Faz com que o cliente sinta uma redução da probabilidade e/ou do impacto da ocorrência de um evento indesejável.	Empresas de seguro e fornecedores de equipamentos de proteção.
Abrangência	Atende a diversos tipos de necessidades do cliente, como um tipo de canivete suíço.	Empresa faz agenciamento de reparos de todos os tipos: pedreiro, pintor, eletricista, reparos em sistemas de ar-condicionado.

(continua)

(Quadro 4.2 – conclusão)

Tipo	Descrição	Exemplo
Personalização	Fornece itens sob medida ou com o máximo de possibilidade de seleção de funcionalidades pelo cliente.	*Fast food* com seleção dos ingredientes e forma de preparo pelo cliente.
Novidade	Mantém o cliente atualizado e diferenciado das demais pessoas.	*Podcast** sobre livros de negócios que traz resumo dos últimos lançamentos mais vendidos.
Facilidade de uso	Baseia-se na aversão do cliente aos produtos de uso complicado.	Celulares para idosos (menos comandos, letras maiores, guias de utilização embutidos).
Status	Proporciona ao cliente a sensação de ser bem-sucedido e invejado pelas outras pessoas.	Relógios suíços, joias, carros de luxo, hotéis de grife.
Acesso facilitado	Promove algo do tipo "tenha nosso produto onde você quiser", ou então uma sensível redução no esforço de acesso.	Autoatendimento para envio e recebimento de encomendas com o uso de terminais inteligentes.

---

* *Podcast*: periódico em áudio sobre determinados temas, disponível na internet e acessível por meio do computador ou de aplicativos para *smartphones*.

4.6 Como encontrar o modelo de negócios correto

Como já vimos, não há proposta de valor de sucesso que não esteja atrelada a um modelo de negócios viável. A proposta de valor vai trazer ao produto a desejabilidade, mas, para que possa ser oferecida de forma sustentável, é preciso que seja encaixada em um modelo de negócios que permita à empresa atingir seus objetivos estratégicos, garantindo a praticabilidade e a viabilidade financeira. O canvas de modelo de negócios está mais próximo da estratégia empresarial, enquanto o canvas de proposta de valor está mais próximo do cliente. E aqui também há espaço para um "mas", pois encontrar o modelo de negócios mais adequado pode ser um desafio.

Veja algumas dicas para tornar esse desafio algo mais palatável e reduzir o nível de incerteza do empreendedor:

1. Olhar para o mercado – Verificar quais são os principais concorrentes, procurar pelas tendências, entender as demandas e as necessidades do público-alvo, incluindo aquelas necessidades que nenhuma empresa atende bem.
2. Avaliar os pontos fortes do negócio, se já for constituído – Avaliar quais são as habilidades e os recursos disponíveis que podem impulsionar o negócio. Essas competências podem ser: conhecimentos, patentes, rede de contatos, carteira de clientes, imagem no mercado, recursos financeiros, instalações físicas, pessoas-chave, máquinas e equipamentos, estrutura de TI, acesso a linhas de investimento e financiamento. É tudo aquilo que o empreendedor já tem e pode utilizar melhor para entregar mais valor.
3. Usar modelos de negócios vencedores como inspiração – Buscar conhecer modelos de negócios bem-sucedidos no segmento de negócio que pretende atuar ou já atua ou de outros ramos para identificar padrões, tendências

e boas práticas que possam ser aproveitadas com as devidas adaptações. É importante avaliar o contexto de cada negócio e não deixar de copiar o que parece funcionar também para a própria empresa. O empreendedor deve ter em mente que não há direito autoral sobre modelos de negócios, mas que também nem sempre terá o canvas de modelo de negócios de uma empresa disponível para consulta. Talvez seja necessário buscar informações e elaborar uma versão do modelo de negócios de outra empresa para então poder avaliar como aproveitá-lo como uma referência. Essa habilidade de olhar para uma empresa e criar um modelo de negócios para explicá-la é uma competência gerencial valiosa.

4. Testar aspectos do modelo de negócios – É possível prototipar um modelo de negócios ou realizar a aplicação em pequena escala. Praticamente todos os segmentos do canvas de modelo de negócios podem ser testados. Se a intenção é terceirizar uma atividade, isso pode ser feito em pequena escala. Se for necessário validar um canal de atendimento ao cliente ou uma forma de relacionamento, isso pode ser realizado de forma simulada, se for o caso, informando-se ao cliente que se trata de uma operação provisória.

5. Obter *feedback* – *Feedback* só é demais quando não é aproveitado para aprender e aprimorar. A busca constante de *feedback* com clientes, fornecedores, parceiros, equipe interna e outras partes interessadas é a melhor forma de gerar insumo para melhorar e inovar. Quanto mais cedo a empresa receber *feedback* sobre um aspecto do modelo de negócios, menor será o custo do desenvolvimento.

6. Estar disposto a mudar – Um grande problema de empresas estabelecidas, principalmente as de sucesso, é que há forte resistência às mudanças no modelo de negócios. No Brasil, a cultura é muito voltada para a máxima de que "Em time que está ganhando não se mexe". Sabemos que, para os brasileiros, é algo que dói, e não gostaríamos de trazer

lembranças tristes, mas... você se lembra do jogo Alemanha 7 x 1 Brasil? A seleção brasileira de futebol tinha um histórico de vitórias, jogava em casa, era considerada por muitos a favorita e, no final, foi um desastre. O empreendedor deve estar disposto a mudar seu modelo de negócios com base no *feedback* recebido e em novas necessidades observadas no mercado. A mudança tem de ser vista como algo rotineiro e indispensável. Esta é uma característica do mundo atual, qualquer que seja o conceito considerado, como o de Vuca*, Bani** ou outro acrônimo que surja para tentar explicar a complexidade do mundo atual.

4.7 Os tipos de encaixe da proposta de valor

A proposta de valor não é algo solto, independente, ou seja, não faz sentido sozinha. É uma construção baseada em conhecimento que precisa garantir três tipos de encaixe, conforme previsto por Osterwalder et al. (2019). De acordo com os autores, os três tipos são necessários:

- garantir o encaixe da solução com o problema;
- promover o encaixe do produto-mercado;

---

* Vuca: acrônimo em inglês usado para expressar a complexidade do mundo atual, formado pelos termos *volatility* (volatilidade), *uncertainty* (incerteza), *complexity* (complexidade) e *ambiguity* (ambiguidade) (MJV, 2021).

** Bani: conceito que surgiu como uma evolução do conceito de VUCA, fazendo referência a termos associados à complexidade: *brittle* (frágil), *anxious* (ansioso), *nonlinear* (não linear) e *incomprehensible* (incompreensível) (MJV, 2021).

- realizar o encaixe do modelo de negócios.

O **encaixe da solução de problema** ocorre quando há evidências de que o perfil do cliente se alinha com o mapa de valor, tudo isso dentro do canvas da proposta de valor, ainda sem qualquer relação com o modelo de negócios. Primeiramente, as tarefas, as dores e os ganhos que constam no perfil do cliente precisam ser importantes para que a proposta de valor seja impactante. Esse é o ponto de partida que não pode ser negligenciado. Depois, é preciso buscar evidências de que a solução proposta, expressa no mapa de valor, permite ao cliente realizar as tarefas que precisa e, ao mesmo tempo, oferece analgésicos para dores relevantes e a percepção de ganhos significativos. Cabe lembrar que a proposta de valor não necessariamente resolve todas as dores que afetam o cliente nem proporciona todos os ganhos que ele valoriza.

Na maior parte dos casos, não será possível esse atendimento pleno a todas as necessidades do cliente. Aliás, se alguém apresentar a você uma proposta de valor que resolve todas as dores e ganhos do cliente, nem desconfie, tenha a certeza de que não é real. Alguma coisa sempre fica de fora. Mas, entre as dores para as quais a proposta de valor apresenta analgésicos e conforme aquilo que o mapa de valor oferece como geradores de ganhos, deve haver relevância, isto é, se possível, deve ser um atendimento superior ao descrito pelas propostas de valor concorrentes. Isso porque o cliente é leal até o momento em que compara o que é oferecido a ele com uma proposta concorrente e encontra outra na qual enxerga mais valor.

O **encaixe do produto-mercado** ocorre quando já há sinais consistentes de que o cliente quer o que a empresa oferece e vê a proposta de valor como algo pelo qual pagaria. É uma demonstração de que há desejabilidade na proposta. Nessa segunda validação, o empreendedor pode constatar que nem tudo o que ofereceu faz sentido para o cliente. O que parecia ser um analgésico exterminador de dores, um "santo remédio", pode ser algo que o cliente tranquilamente dispensaria. Nesse caso, é preciso voltar para a prancheta e, se necessário, voltar para a etapa anterior de encaixe da solução com o problema.

Por fim, é preciso garantir o **encaixe do modelo de negócios**. Nesse ponto, além da desejabilidade, testada na etapa anterior, é preciso garantir que a proposta de valor faça parte de um modelo de negócios que possa ser escalado e seja lucrativo. Se as receitas obtidas não cobrem os custos com uma margem atrativa, são necessários novos ajustes, que podem mais uma vez depender de alterações em fases anteriores.

Observe que não é à toa que a proposta de valor fica no centro do canvas de modelo de negócios, pois ela é a ligação entre a parte interna (parcerias, atividades-chave, recursos principais) e os elementos de interação com o perfil do cliente em questão: relacionamento e canais. Já mencionamos isso anteriormente, mas a importância desse entendimento justifica sermos repetitivos.

Vale a pena esclarecer que a transição de proposta de valor para modelo de negócios e o posterior retorno para a elaboração de uma nova proposta de valor são situações comuns e não significam que houve falha no desenvolvimento de nenhum dos dois modelos. É um processo cíclico e não linear, iterativo e não definitivo, algo comum para quem já está acostumado com o contexto da inovação.

Na figura a seguir temos um exemplo didático de uma situação na qual se elaborou a proposta de valor, que previa a venda de um produto, e depois se formulou o respectivo modelo de negócios que a incluiu. Os testes indicaram que a proposta que previa venda não era viável, pois se tornava pouco atrativa para os clientes. Então, formulou-se a hipótese do aluguel, que exigiu uma nova proposta de valor, já que prevê uma jornada do cliente diferente, com novas tarefas, dores e ganhos. Uma nova tarefa da proposta de aluguel é gerenciar os pagamentos mensais, um ganho é não necessitar de investimento para começar a usar, e uma dor é a dificuldade de lembrar as datas de pagamento da mensalidade.

Figura 4.4 – Ciclo de desenvolvimento conjunto de proposta de valor e modelo de negócios

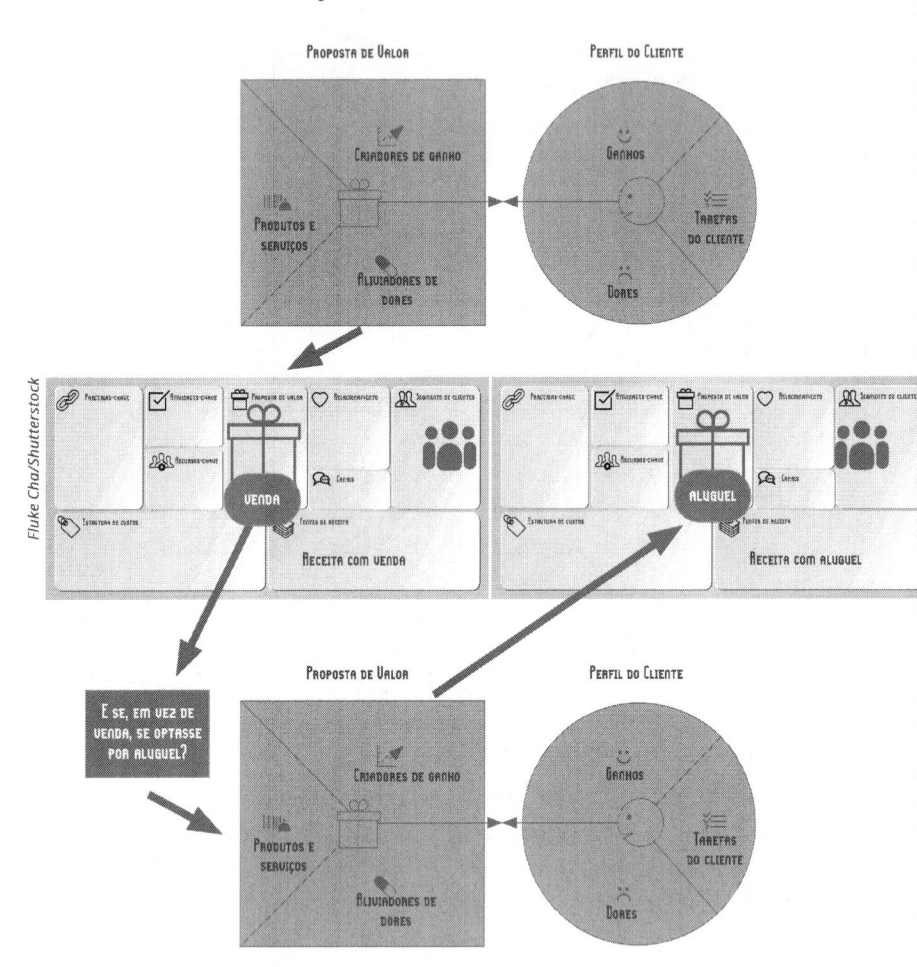

Tendo sido obtido o encaixe da proposta de valor com o cliente, é necessário fazer os ajustes no modelo de negócios e verificar novamente a viabilidade. No processo, pode-se modificar outros elementos do modelo de negócios e avaliar se eles interferem na proposta de valor. Normalmente, os elementos do modelo de negócios que mais afetam a proposta de valor quando alterados são os do lado superior direito do canvas – o relacionamento e os canais. Porém, pode ser necessário alterar a proposta de valor para viabilizar os elementos do lado esquerdo, como no caso de eliminar um analgésico da proposta de valor para evitar o uso de um recurso-chave de maior custo ou para reduzir custos e deixar de proporcionar um ganho, eliminando-se uma característica geradora de ganho. Pode também ser interessante reforçar geradores de ganhos para justificar um preço prêmio e melhorar a equação do lucro (receita – custo).

4.8 Considerações sobre um projeto de *design* da proposta de valor e do modelo de negócios

Neste ponto, esperamos que esteja claro para você, leitor, que não faz sentido dedicar-se à elaboração de uma proposta de valor, manifestada por meio do respectivo canvas, se não houver a intenção de inseri-la em um modelo de negócios viável. E é certo também que, ao alterar a proposta de valor, obtém-se um modelo de negócios diferente.

Ademais, é claro que, quando se pretende criar uma proposta de valor e um modelo de negócios, essa é uma atividade que deve ter um início definido e um prazo. Não há como pensar em levar anos desenvolvendo a proposta de valor mais encantadora e o modelo de negócios vencedor. Se o prazo for assim tão longo, é bem provável que a concorrência ofereça algo antes e capture a clientela. Inovação, além de outras virtudes, exige a habilidade de saber o momento certo para agir.

Também é preciso considerar que há recursos finitos para empregar no projeto de desenvolvimento da proposta de valor e do modelo de negócios. O tempo das pessoas custa dinheiro, o deslocamento para visitar clientes e fazer entrevistas não é de graça e, em uma fase mais avançada do processo de desenvolvimento, pode ser necessário até mesmo contratar terceiros para realizar pesquisas, desenvolver protótipos mais realistas, entre outras atividades.

Isso aumenta a importância de falhar cedo, uma vez que, nos estágios iniciais de desenvolvimento, hipóteses podem ser testadas ainda com baixo custo. Isso reforça também o uso de abordagens de gestão de projetos que sejam mais efetivas para ambientes de incerteza.

Num ambiente de inovação, a gestão de projetos deve ser ágil, não sendo viável utilizar métodos em cascata, comuns, por exemplo, na construção civil. Um método que pode ser utilizado para gerenciar projetos em ambientes de inovação, que incluem a inovação em modelos de negócios, é o *design sprint*, desenvolvido por pessoas que trabalhavam no Google e que prevê a duração de uma semana por iteração no regime de imersão (Knapp, 2017).

O método *sprint* prevê que, ao final de cinco dias úteis, se deve chegar ao teste de uma solução, conforme as etapas indicadas a seguir, divididas nos dias da semana, de acordo com Knapp (2017).

- Segunda-feira: **fazer um mapa do que vai ser realizado e definir um alvo.** No caso de um projeto de desenvolvimento da proposta de valor e do modelo de negócios, este primeiro dia seria dedicado ao levantamento do perfil do cliente, das tarefas, das dores e dos ganhos, bem como à definição dos elementos mais relevantes.
- Terça-feira: **esboçar várias alternativas de solução.** A ideia aqui é não aceitar apenas uma proposta e forçar a geração de propostas concorrentes. Considerando-se o tema deste livro, haveria várias propostas de mapa de valor, com a definição dos produtos, dos ganhos e dos aliviadores de dores.
- Quarta-feira: **transformar as ideias em hipóteses que possam ser testadas.** Este terceiro dia do *sprint* é dedicado à escolha de uma proposta de valor e à criação do modelo de negócios no qual ela pudesse ser encaixada.
- Quinta-feira: **construir um protótipo.** Agora seria o momento para se dedicar à refinação do modelo de

negócios e à criação de um protótipo para que o cliente possa vivenciar de alguma forma o produto ou serviço contido na proposta de valor.

- Sexta-feira: **testar e aprender**. Neste sexto dia, o modelo de negócios, junto com o protótipo do produto ou serviço, seria apresentado ao cliente para se receber o *feedback*.

É importante notar que não se espera desenvolver a versão final do produto em um único *sprint*, e sim ter em cinco dias um ciclo completo de desenvolvimento de uma entrega que seja testada com o cliente e forneça informação suficiente para um avanço significativo no projeto. Ou, fazendo um alinhamento com o conteúdo deste livro, espera-se que ao final do *sprint* se tenha adicionado valor aos itens em desenvolvimento.

> **Importante!**
>
> Não se deve aplicar esse método sem que haja pelo menos uma pessoa com conhecimento e experiência prática em sua aplicação e outras pessoas minimamente capacitadas para atuar em uma equipe de desenvolvimento ágil com *sprint*.

Caso o empreendedor considere o método *sprint* muito diferente de suas práticas, pode considerar o uso do método *scrum** ou de outra forma de gestão ágil de projetos. Seja qual for o método adotado, será necessária uma equipe. Com uma "eu quipe" (sozinho), fica mais difícil, mas não impossível. Se for o caso de um empreendedor individual, ele pode chamar alguém para ajudar em seu projeto de desenvolvimento de uma proposta de valor e de um modelo de

---

* *Scrum* é um método de gestão ágil de projeto no qual um time é acompanhado por uma pessoa que coordena e dá suporte ao método, o *Scrum Master* (mestre *scrum*), havendo ainda o papel da pessoa que faz a ligação com o cliente, o *Product Owner* (dono do produto). O projeto é dividido em partes que são desenvolvidas em ciclos, normalmente de uma semana, durante a qual são realizados alguns eventos de revisão (Sutherland, 2016).

negócios. Pode ser um familiar, um amigo ou um colega de trabalho. Muitas pessoas se empolgam com uma proposta de inovação e se dispõem a ajudar mesmo sem receberem nada por isso além da gratidão em um primeiro momento.

Agora, se for possível montar uma equipe, pode ser criado um time multidisciplinar, considerando-se a composição com os seguintes papéis:

- especialista em finanças;
- especialista em *marketing*;
- uma pessoa que entende o cliente;
- especialista de TI;
- especialista em logística e canais;
- *designer*.

Com uma equipe diversificada no projeto, a chance de criar uma proposta de valor atrativa e um modelo de negócios viável e lucrativo é maior. Se o empreendedor juntar somente pessoas criativas, pode ser que nunca chegue a um negócio viável. Se tiver apenas pessoas analíticas, como engenheiros e pessoal das finanças, pode ser que recusem os elementos do modelo de negócios fora do padrão, matando a inovação ainda durante a gestação.

Citamos aqui apenas o *scrum*, mas existem outros métodos ágeis de gestão de projetos. De todo modo, o empreendedor deve considerar que, se a equipe tiver de aprender sobre o desenvolvimento de propostas de valor e de modelos de negócios e, ao mesmo tempo, desenvolver competências em gestão de projetos, isso talvez gere uma sobrecarga cognitiva, algo totalmente incompatível com uma agenda já sobrecarregada. Por isso, é importante verificar no que as pessoas precisam se desenvolver primeiro.

4.9 Selecionando propostas de valor por votação

Se você, leitor, tiver sucesso na aplicação do que foi apresentado neste livro, terá não apenas uma, mas diversas propostas de valor. Se, de alguma forma, o empreendedor puder apresentar essas propostas para o cliente escolher, ótimo. A prova real junto ao cliente sempre é mais efetiva. Mas é preciso lembrar que, quando se trata de inovação, nem mesmo o perfil do cliente está validado e, quando está bem definido, pode ser que, se questionado, o cliente não consiga dizer se adotaria ou não a solução proposta.

Imagine que você está em 2009, antes do lançamento do Uber. Não havia aplicativos de mobilidade. A única forma de transporte individual para quem não possuía um carro próprio ou alugado era o táxi. Agora, imagine se você perguntasse para as pessoas se elas usariam um serviço em que qualquer um pode ser motorista e no qual elas teriam de se cadastrar para então poder solicitar o transporte e esperar algum motorista aceitar a viagem. Muitas pessoas achariam estranho e diriam que não iriam adotar o serviço, por questões de segurança ou de praticidade ou pela preocupação em relação aos dados pessoais. Algo semelhante poderia ocorrer se você questionasse se as pessoas se disporiam a alugar o próprio imóvel, inteiro ou apenas um quarto para um estranho, com a intermediação por um sistema, antes de o Airbnb se tornar um serviço difundido.

Por esse e por outros motivos, a votação entre os membros da equipe, com base em critérios predefinidos de avaliação das propostas, pode ser útil em um primeiro momento. A seleção por votação pode ser aplicada para a proposta de valor como um todo, para um modelo de negócios completo ou para elementos isolados, como no caso da seleção dos canais ou das fontes de receita a serem adotados. Por exemplo, pode ser feita uma votação para definir quais são as dores do cliente mais críticas, as formas de relacionamento com o cliente ou as fontes de receita.

Para estimular o senso de responsabilidade das pessoas, em vez de fazer uma votação simples, pode-se dar um limite de créditos para os participantes. Por exemplo, distribuem-se dez créditos para cada um dos participantes da votação, representados por etiquetas adesivas (as no formato circular são as melhores). A pessoa pode escolher se gasta todos os créditos em apenas uma ideia ou se os distribui em mais de uma. Pode também haver uma regra que exija que se distribuam os créditos em ao menos três propostas diferentes, com quantidades decrescentes (por exemplo, 5, 3 e 2 créditos), forçando as pessoas a pensar em várias propostas sem deixar de declarar qual é a preferida.

Um cuidado sobre a seleção de propostas é ter em mente que o objetivo é chegar ao final do processo com uma proposta de valor excelente, vencedora, que seja desejada pelos clientes. Já no que diz respeito ao modelo de negócios, o objetivo é chegar a uma proposição viável, escalável e altamente lucrativa. Por isso, escolher a melhor proposta entre as existentes pode não ser a melhor solução; talvez seja interessante combinar os melhores elementos de cada proposta. Assim, a seleção dos elementos mais votados de cada proposta e a combinação em uma única proposta, ou em duas propostas, para realizar um teste A/B (trataremos desse tema no próximo capítulo) podem ser uma solução bem mais efetiva.

Síntese

Neste capítulo, estudamos os seguintes conteúdos:

- Passos para a elaboração de um canvas da proposta de valor, da definição do público-alvo até a verificação de alinhamento entre o mapa de valor e o perfil do cliente.
- Como validar a proposta de valor gerada usando como referência as dez características de uma proposta de valor excelente.

- As várias ferramentas para se aprofundar no mapeamento do perfil do cliente, como o detetive de dados, o jornalista e a análise de redes sociais.
- De que forma usar tipos predefinidos de proposta de valor como base para criar ou reformular uma proposta de valor.
- Os três tipos de encaixe da proposta de valor: encaixe da solução com o problema; encaixe produto-mercado; e encaixe do modelo de negócios.
- A condução do desenvolvimento da proposta de valor como um projeto e as formas de seleção das melhores opções de proposta de valor.

Questões para revisão

1. Entre as técnicas para o entendimento do perfil do cliente indicadas a seguir, qual é usada para coletar informações diretamente do cliente?
    a) Jornalista.
    b) Detetive de dados.
    c) Análise de redes sociais.
    d) *Brainstorming*.
    e) Diagrama de causa-efeito.

2. Qual das características a seguir **não** é encontrada em uma proposta de valor vencedora?
    a) Útil.
    b) Enxuta.
    c) Competitiva.
    d) Complexa.
    e) Abrangente.

3. Explique no que consiste a votação para seleção de opções de propostas de valor ou de modelos de negócios em que são distribuídos créditos de votação para cada participante.

4. Cite duas das dificuldades na utilização do canvas da proposta de valor.

5. Qual dos exemplos a seguir caracteriza a proposta de valor baseada em risco?
    a) O cliente pode cancelar a reserva no hotel a qualquer momento sem pagamento de taxas.
    b) É possível configurar várias características do apartamento na reserva do hotel.
    c) O *site* vai fazendo perguntas até que todas as informações para a reserva sejam preenchidas, sem complicação.
    d) Toda a roupa de cama do hotel é de alta qualidade e substituída após poucas utilizações.
    e) Clientes do hotel são considerados um público selecionado, e o hotel divulga fotos autorizadas dos hóspedes em suas redes sociais que são bastante acessadas.

Questões para reflexão

1. Use a tabela a seguir para comparar sua proposta de valor com a de um concorrente, com notas de 1 a 10. Depois, selecione as três características nas quais sua proposta de valor está mais distante da concorrência e pense em como aprimorá-la.

Característica	Nota da sua empresa	Nota do principal concorrente	Como aprimorar sua proposta de valor com base neste critério
Custo			
Prazo			
Qualidade			
Flexibilidade			
Risco			
Abrangência			
Personalização			
Novidade			
Facilidade de uso			
Status			
Acesso facilitado			

2. Escolha três empresas que você admira e crie o canvas de modelo de negócios de cada uma delas. Quais elementos você mais teve dificuldade de preencher no canvas? O que mais você pode fazer para aprimorar sua habilidade em elaborar um canvas de modelo de negócios?

Capítulo 5

Explorando a criatividade com
foco em melhoria e inovação

Conteúdos do capítulo:

- Importância da criatividade no desenvolvimento de propostas de valor.
- Melhoria da qualidade e da sustentabilidade empresarial.
- Ferramentas para o canvas da proposta de valor e o canvas de modelo de negócios.

Após o estudo deste capítulo, você será capaz de:

1. reconhecer a importância da criatividade no contexto empresarial;
2. identificar formas de melhoria da qualidade e da sustentabilidade empresarial;
3. diferenciar ferramentas para a solução de problemas utilizadas para aprimorar propostas de valor e modelos de negócios.

5.1 A criatividade no desenvolvimento de propostas de valor

Embora tenhamos apresentado neste livro algumas dicas e passos para desenvolver e utilizar tanto o canvas da proposta de valor como o canvas de modelo de negócios, a má notícia é que, sem a adoção do pensar criativo, a chance de sucesso diminui bastante, principalmente no caso de um empreendimento que está sendo criado ou de uma organização estabelecida que precisa com urgência mudar radicalmente o modelo de negócios. A criatividade é a base da inovação e sem inovação se produz "mais do mesmo", ou seja, algo sem diferenciação em relação às demais opções existentes, com pouco impacto em termos de incremento do valor entregue ao cliente.

5.1.1 Entendendo a criatividade no contexto empresarial

Mesmo que não se crie nada inédito, a combinação de elementos existentes, que há quem chame de "combinatividade", palavra que você não encontrará no dicionário, exige criatividade. Essa combinação de elementos existentes para criar algo novo é bem evidente na inovação do modelo de negócios.

Pense no modelo de negócios do Uber. Carros já existiam, motoristas particulares também; as formas de pagamento usadas e o sistema de avaliação pelo usuário não eram inéditos. Porém, a combinação de todos esses elementos em um modelo de negócios de plataforma com dois clientes (motorista e passageiro com intermediação do aplicativo) mostrou-se um sucesso. Serafim (2011) afirma que a criatividade implica:

- ter a habilidade de conceber ideias novas;
- trazer um ponto de vista original para a realidade;
- desenvolver um pensamento inédito em determinado contexto.

capítulo 5

Trazer elementos de jogos, comuns nos momentos de lazer, para a sala de aula, um contexto totalmente diferente, em uma experiência que consiste na "gamificação" na educação, é um bom exemplo de estímulo ao pensar criativo.

Diferentemente do que muitos pensam, a criatividade não é apenas a geração de ideias sem qualquer preocupação com sua aplicabilidade. Criatividade, em um sentido prático, é encontrar formas diferentes de resolver problemas. Como declarou John Doerr (2019), criador do método OKR (*objectives and key results* – objetivos e resultados-chave) e um dos primeiros investidores do Google:

> "Ideias são fáceis. Execução é tudo." (Doerr, 2019, p. 6)

No que diz respeito ao desenvolvimento da criatividade – sim, é possível desenvolver o potencial criativo –, há duas vertentes. A primeira se refere ao autodesenvolvimento da criatividade, a partir do reconhecimento de que a criatividade em grande parte não é inata e pode ser exercitada e desenvolvida. É o querer, a motivação interna para aproveitar melhor o potencial criativo que distingue o ser humano dos outros animais. A segunda diz respeito à responsabilidade de as lideranças incentivarem e criarem condições propícias à manifestação da criatividade, por meio do incentivo, do exemplo e da remoção ou redução de barreiras que afetam o uso desse potencial humano no contexto do trabalho.

Alencar (1998, p. 117), autora brasileira referência no tema *criatividade*, tanto no contexto da educação como nas organizações, com vários livros publicados, propõe o modelo a seguir para o desenvolvimento da criatividade.

Figura 5.1 – Modelo de desenvolvimento da criatividade

- Redução de bloqueios
- Traços de personalidade (Motivação)
- Habilidades de pensamentos
- Clima psicológico
- Domínio de técnicas e bagagem de conhecimento

Fonte: Alencar, 1998, p. 117.

5.1.2 Limitadores da criatividade

No que se refere à redução de bloqueios, que consta no modelo de desenvolvimento da criatividade apresentado na figura anterior, há vários tipos de barreiras que impedem a pessoa e os times de usarem todo o potencial criativo existente. As barreiras operam como amarras que vão surgindo desde a infância e, para muitas pessoas, limitam cada vez mais a possibilidade de criar algo original.

Se não forem trabalhadas, essas barreiras vão aos poucos minando a capacidade de pensar diferente. Hicks (1991) definiu cinco tipos de barreiras que afetam a criatividade: 1) barreiras de percepção; 2) barreiras emocionais; 3) barreiras culturais; 4) barreiras emocionais; e 5) barreiras intelectuais.

capítulo 5

As **barreiras de percepção** estão relacionadas com a forma como a mente gerencia a percepção sobre os acontecimentos. Nessa classificação, encontram-se:

- estereótipos (generalizações sobre comportamentos de outros);
- dificuldade de isolar problemas;
- visão restrita (visão tipo túnel);
- inabilidade de perceber os acontecimentos sob vários pontos de vista;
- falha na utilização eficiente de todos os sentidos.

As **barreiras emocionais** ocorrem quando emoções e sentimentos afetam negativamente nossa capacidade de pensar de forma criativa. São elas:

- necessidade exagerada de segurança e ordem;
- medo excessivo de cometer erros;
- falta de motivação;
- dificuldade de reflexão;
- pressa em resolver os problemas;
- incapacidade de uso da imaginação.

As **barreiras culturais** são influências da cultura da empresa e da sociedade em nossa forma de pensar e agir. Têm efeito cumulativo, restringindo cada vez mais a criatividade ao longo do tempo. Na infância, somos altamente criativos, porém o ambiente externo restringe e pode praticamente extinguir essa habilidade com o tempo. São exemplos de barreiras culturais

- acreditar que a melhoria é impossível;
- acreditar que reflexão é pura perda de tempo, que melhor é agir;
- achar que a lógica é sempre melhor do que a intuição;
- acreditar que tradição é melhor do que mudança;
- falta de confiança entre os membros da equipe;

- falta de suporte ao trabalho em grupo;
- relutância da organização em implementar as ideias geradas.

As **barreiras ambientais** se referem aos elementos do ambiente de trabalho que afetam o pensar criativo, dificultando o fluxo e a reflexão necessários para a formulação de ideias. São exemplos de barreiras ambientais:

- distrações do ambiente (ruídos, chamadas telefônicas constantes etc.);
- monotonia;
- desconforto físico e mental;
- restrição de acesso aos meios adequados de comunicação.

As **barreiras intelectuais** são dificuldades de relacionamento na equipe de trabalho, que podem manifestar-se das seguintes formas:

- escolha incorreta de linguagem e métodos de solução de problemas;
- uso inflexível ou inadequado de estratégias e métodos;
- falta de informações corretas;
- dificuldade de comunicação entre pessoas.

Entre os limitadores de criatividade apresentados, um caso que marcou bastante o autor deste livro, ao pesquisar o tema *criatividade*, serve para exemplificar as barreiras emocionais. A pesquisa tinha como instrumento de coleta de dados um formulário que continha uma questão baseada em uma pesquisa de Eunice Alencar (1998), citada anteriormente, e que pedia para o respondente completar a seguinte frase: "Eu seria mais criativo se...".

Uma pessoa respondeu: "se nascesse de novo". Em outra questão, a mesma pessoa respondeu que, em uma escala de 0 a 10, seu nível de criatividade seria "zero". Mais à frente constava a explicação: a pessoa relatou um fato que afetou sua disposição para expressar a criatividade, pelo medo extremo de receber críticas. Um professor do ensino fundamental havia ridicularizado um desenho dela e proferido ofensas em relação a uma característica física dessa pessoa.

Com base nesse exemplo, pense no dano que alguém pode causar em outra pessoa com palavras, com um impacto profundo na autoestima, e o quanto o processo educacional descuidado pode afetar a vida de alguém. Algo semelhante pode ocorrer no contexto do trabalho, caso as lideranças e a equipe não aceitem uma cultura aberta à criatividade e não respeitem o pensamento divergente.

5.1.3 Pessoas criativas

Outro mito relacionado à criatividade é o entendimento de que somente reunindo um grupo de pessoas altamente criativas é possível gerar ideias com potencial inovador. Há várias técnicas que podem ser incorporadas à gestão de projetos para liberar ao menos em parte o potencial criativo. Especialmente com relação ao desenvolvimento da proposta de valor, Osterwalder et al. (2019) sugerem o uso de restrições de *design* que estimulam o pensamento fora do usual, como nos exemplos indicados a seguir:

- **Transformar uma proposta de valor baseada em produto em uma baseada em serviço com receitas recorrentes** – Isso foi feito por fornecedores de pacotes de produtividade, como o Microsoft Office 365, por fornecedores de antivírus e vários outros fornecedores de *softwares*.
- **Criar uma proposta de valor composta por um produto associado com um item consumível de venda recorrente** – Impressoras com seus cartuchos caríssimos e lâminas de barbear são exemplos clássicos.

- **Criadores de tendência** – Osterwalder et al. (2019) citam o exemplo da Swatch, que fez com que relógios de fabricação barata, feitos de plástico, fossem cobiçados como item de vestuário. No Brasil temos o caso da Havaianas, que deixou de ser um chinelo vendido apenas nos mercadinhos de bairro para atender também um público interessado nas últimas tendências da moda. Ou seja, a restrição aqui é transformar algo de baixo valor em um item desejado pelo cliente.

- **Custo baixo** – Consiste em simplificar a proposta de valor para atender um segmento de cliente que demande as características básicas do produto, renunciando a itens não essenciais, e oferecer outros itens como adicional pago à parte. O exemplo aqui são as companhias aéreas de baixo custo – aquelas das barrinhas de cereais que citamos no Capítulo 3 – e as redes de hotéis com o mínimo de conforto, que excluíram até mesmo o café da manhã, o qual deve ser pago à parte quando for pedido pelo hóspede. Há também os aplicativos gratuitos para instalação com opção de compras, os quais mantêm anúncios que interrompem a utilização periodicamente para quem permanece na versão *free*.

- **Plataforma** – Aqui a restrição para estimular a criatividade consiste em transformar um modelo que envolve cliente e fornecedor em outro no qual dois segmentos com necessidades complementares negociam entre si com a intermediação da empresa. A Uber fez isso conectando a necessidade de mobilidade dos passageiros com a necessidade de renda extra dos motoristas.

5.1.4 Gerando soluções criativas a partir de soluções existentes

Uma solução criativa nem sempre implica partir do zero. Pelo contrário, grande parte das inovações teve como ponto de partida algo já existente, seja algo produzido pelo homem, seja algo da própria natureza (a chamada *biomimética**).

A linha de montagem que fez da Ford uma referência altamente lucrativa nos primórdios da indústria automobilística se baseou na operação de um abatedouro de animais, no qual a carcaça do animal era movimentada até o local em que os trabalhadores faziam a separação das partes de acordo com os cortes de carne definidos (Tenório, 2011).

Com relação à inovação inspirada pela natureza, o velcro foi inventado por Georges de Mestral, ao ficar coberto de sementes da planta bardana, também conhecida como *pegamasso* (Magalhães, 2022). Enquanto tirava as sementes de suas roupas, Mestral começou a pensar em como aquela característica de aderência imediata e facilmente reversível poderia ser útil e como poderia ser desenvolvido um material que tivesse um comportamento semelhante. Após sete anos de desenvolvimento, surgiu o Velcro, que foi popularizado em 1967, quando a Nasa adotou o material para fixar itens usados pelos astronautas nas paredes da nave Apolo 1 e impedir que os objetos ficassem flutuando no interior da espaçonave.

Para analisar algo existente como ponto de partida na busca por novas soluções, a ferramenta Mescrai (ou Scamper, no caso da versão em inglês) é uma opção que deve constar na caixa de ferramentas do inovador. O nome da ferramenta é um acrônimo e o significado de cada letra que o compõe será explicado logo a seguir. Ela serve para explorar sete possibilidades de alterar algo, cada uma correspondendo a uma das letras do acrônimo.

---

* Biomimética: ramo científico que busca aplicar princípios da organização da estrutura de materiais biológicos na construção de materiais sintéticos (Pesquisa Fapesp, 2013).

Quadro 5.1 – As opções da ferramenta Mescrai

MESCRAI	
	Modificar (aumentar, diminuir, curvar)
	Eliminar (eliminar itens, peça única em vez de várias)
	Substituir (materiais, cores, acabamento)
	Combinar (mais de uma função no mesmo produto)
	Rearranjar (mudar a posição ou o movimento dos itens)
	Adaptar (adaptar para outros usos ou para limitações do usuário ou do ambiente)
	Inverter (de interno para externo, de vertical para horizontal, de claro para escuro).

Vejamos, no quadro a seguir, como ficaria a aplicação da ferramenta Mescrai em nosso exemplo da escola de inglês para a terceira idade.

Quadro 5.2 – Exemplo de aplicação da ferramenta Mescrai no caso da escola de idiomas para a terceira idade

Mescrai
Proposta original – Curso de inglês padrão sem diferenciação das turmas por idade.
Modificar (aumentar, diminuir, curvar) • Reduzir o tempo para a certificação, com módulos curtos: mais celebrações. • Aumentar atividades em grupo.
Eliminar (eliminar itens, peça única em vez de várias) • Eliminar a necessidade de testes, usar outras formas de avaliação.
Substituir (materiais, cores, acabamento) • Alterar os livros-texto usando conteúdo mais adequado à realidade e experiência de vida do público da terceira idade.
Combinar (mais de uma função no mesmo produto) • Curso de inglês + viagens + eventos de socialização.
Rearranjar (mudar a posição ou o movimento dos itens) • Mais interação social do que aprendizado de idioma.
Adaptar (adaptar para outros usos ou para limitações do usuário ou do ambiente) • Materiais com letras maiores e menos texto. • Professores seniores.
Inverter (de interno para externo, de vertical para horizontal, de claro para escuro). • Mais atividades externas do que internas (viagens, passeios, saídas para restaurantes).

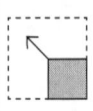

> **MÃOS À OBRA**
>
> Pare a leitura agora, pegue papel e caneta e aplique a ferramenta Mescrai a um objeto que estiver próximo a você. Faça isso mais algumas vezes com alguns objetos. O que achou? Suas ideias são criativas ou você se sente um pouco tímido para propor algo diferente? Agora, com mais calma, pense em um serviço e depois aplique a ferramenta Mescrai para modificá-lo*.

Talvez você, como a maioria das pessoas, reconheça a importância da criatividade para a vida pessoal e profissional. Afinal, alguns artistas que vivem da expressão da criatividade são muito bem pagos, em níveis muito superiores ao do trabalhador comum. Terra (2007) apresenta uma lista de valores que devem ser reforçados nas organizações e em nosso planejamento pessoal para estimular a criatividade:

- maior disposição para assumir riscos;
- aceitar que o sofrimento faz parte do processo de busca pela inovação;
- trabalho duro;
- fazer pausas para propiciar momentos "eureca"**;
- reservar um tempo para trabalhar sozinho;
- valorizar a quantidade de ideias;
- mais viagens;

---

* Caso queira mais exemplos da aplicação do Mescrai, indicamos duas sugestões de leitura breve. Em Dia (2014), é apresentado um exemplo de aplicação a um objeto comum; em Dias (2018), o exemplo se refere à aplicação da Mescrai em serviços.

** Conta-se que Arquimedes saiu gritando "Eureca!" pela cidade ao conseguir identificar a fraude de um ourives que havia confeccionado uma coroa para o Rei Hierão, misturando prata na composição em vez de usar ouro puro (Batalha; Bento, 2021).

- mais perguntas em cima de perguntas;
- buscar a beleza nas soluções;
- dar espaço para o improviso;
- ouvir mais atentamente.

> **Fique atento!**
>
> Avalie qual dos valores você precisa desenvolver mais, busque ser mais criativo e contagie outras pessoas!

5.2 Gerando muito mais valor no e-commerce

Se a empresa pratica alguma forma de *e-commerce* e, sobretudo, se os canais digitais forem as principais formas de relacionamento com o cliente, o uso das duas ferramentas centrais discutidas neste livro, o canvas da proposta de valor e o canvas de modelo de negócios, pode potencializar um salto em termos de faturamento, lucratividade e satisfação do cliente.

As operações de *e-commerce* fazem com que negócios surjam muito rapidamente e cresçam exponencialmente. Isso trouxe uma certeza: a competitividade só vai aumentar. Não adianta preocupar-se com isso, pois preocupação não resolve o problema. É preciso agir, de preferência depois de analisar o problema e trabalhar em sua resolução. Esse esforço passa pela reavaliação frequente do modelo de negócios. Osterwalder et al. (2019) citam o exemplo da empresa de comércio eletrônico Taobao*, que em dez anos renovou seu modelo de mercado três vezes.

---

* O valor da marca Taobao em 2022 ficou em 53 bilhões de dólares (Thomala, 2023).

Entre as empresas com forte operação no Brasil, temos o caso do Mercado Livre (ML). Em 1999, o ML foi criado na Argentina (Mercado Livre, 2023). A proposta de valor era permitir que qualquer pessoa vendesse o que quisesse para outras pessoas, na forma de leilões virtuais, copiando o modelo de negócios do Ebay em seus primórdios. Era, portanto, uma plataforma cliente para cliente, ou *consumer to consumer* (C2C).

Hoje o modelo de negócios do ML atende pelo menos três perfis de clientes: além do C2C, a empresa atende também o perfil B2B (*business to business*, empresas que vendem para empresas) e B2C (*business to consumer*, empresas que vendem para o consumidor final). Para cada perfil de cliente existe uma proposta de valor ligeiramente diferente em torno de uma proposta central (Mercado Livre, 2023).

Dentro da estratégia para suportar o rápido crescimento do ML, a empresa optou pelo investimento em centros de distribuição (recurso) e logística próprios (canais). A empresa investiu muito nas seguintes atividades-chave: desenvolvimento, inovação e garantia da operação do *site* e automação. Para garantir o fluxo de inovações, o ML criou um fundo para investimento em empresas de tecnologia relacionadas com as operações do *e-commerce* (Salomão, 2021).

O empreendedor pode utilizar o canvas da proposta de valor para identificar as principais tarefas que o cliente precisa realizar na operação de *e-commerce*, de uma forma abrangente, contemplando tarefas funcionais, sociais, emocionais e as de apoio. Essa análise vai permitir estabelecer uma ou mais propostas de valor para um ou diferentes segmentos de clientes. É possível ainda criar uma proposta de valor das soluções dos concorrentes, para servir de base de comparação.

Os recursos digitais permitem um nível de personalização cada vez maior na entrega da proposta de valor, seja em *sites*, seja em aplicativos. E o que já era surpreendente, a ponto de nos perguntarmos como as empresas com operações de *e-commerce* sabem que precisamos de algo, agora, com a evolução da inteligência artificial, tornou as possibilidades quase infinitas. Isso abre inúmeras oportunidades para criar propostas de valor, inovar nos canais e na

capítulo 5

forma de relacionamento. Mesmo os autores e roteiristas de ficção científica têm dificuldade para estar à frente de seu tempo. Porém, ao mesmo tempo que novas soluções surgem, novas dores também se manifestam. Da mesma forma, tarefas que nem pensávamos que precisaríamos resolver passam a ser essenciais.

A partir da identificação inicial de tarefas que a operação de *e-commerce* precisa atender, é possível usar o mapeamento da jornada do usuário para identificar todas as decisões, pontos de contato e atividades que o cliente precisa executar para conhecer, acessar e utilizar os produtos e serviços que consumir. Com essa análise, definem-se as principais dores e ganhos de cada perfil do cliente, possibilitando o oferecimento de proposta de valor assertivas.

Tenha certeza de que, mesmo com a evolução do *e-commerce* e a ampliação da participação dos grandes *marketplaces**, há uma infindável oportunidade de gerar analgésicos para dores dos clientes, que são mal atendidos em algum aspecto pelas opções atuais. Afinal, a expectativa dos clientes é cada vez maior. Todos querem o padrão da Amazon em prazos de entrega, o padrão da Netflix na facilidade de cancelamento do serviço e o padrão da Uber na facilidade de uso. Nunca cansamos de nos surpreender, pelo contrário, passamos a buscar novas alternativas quando a atual deixa de proporcionar momentos "Uau!".

Uma boa forma de começar a avaliar possibilidades de reinventar o *e-commerce* é analisar o canvas de modelo de negócios. Na figura a seguir, é apresentado o modelo de negócios de um *marketplace* genérico. Se a empresa vende direto para o cliente, esse exemplo pode ser aproveitado, sem contar a possibilidade de, além de vender os próprios produtos, usar a plataforma para que outros vendedores possam iniciar no *e-commerce*.

Veja que no modelo apresentado há dois segmentos de clientes, os compradores e os vendedores, cada um representado por uma cor diferente de notas adesivas. Elementos com notas adesivas da mesma cor do perfil do cliente indicam que são específicos para esse

---

* *Marketplace*: plataforma *online* em que vendedores e compradores se encontram, como no caso da Amazon Shopping e do ML.

perfil. Os demais elementos na cor cinza claro não fazem distinção entre os dois perfis.

Figura 5.2 – Canvas de modelo de negócios de um *marketplace*

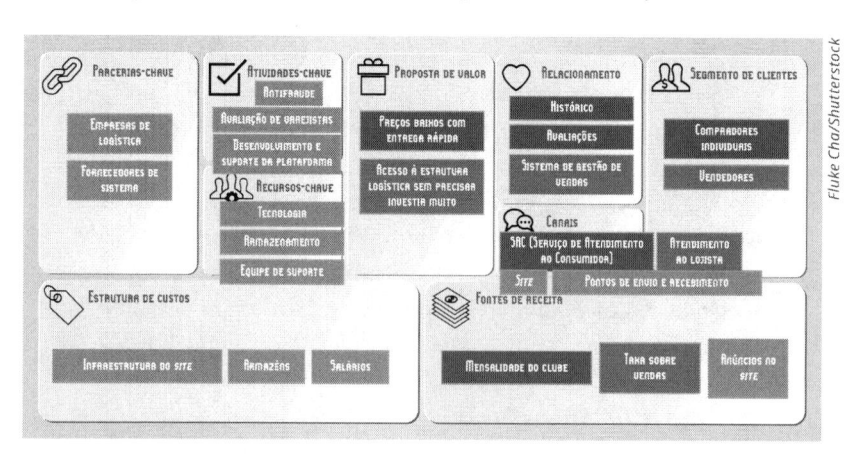

Parcerias-chave	Atividades-chave	Proposta de valor	Relacionamento	Segmento de clientes
Empresas de logística	Antifraude	Preços baixos com entrega rápida	Histórico	Compradores individuais
Fornecedores de sistema	Avaliação de varejistas	Acesso à estrutura logística sem precisar investir muito	Avaliações	Vendedores
	Desenvolvimento e suporte da plataforma		Sistema de gestão de vendas	
	Recursos-chave		Canais	
	Tecnologia		SAC (Serviço de Atendimento ao Consumidor)	Atendimento ao lojista
	Armazenamento		Site	Pontos de envio e recebimento
	Equipe de suporte			

Estrutura de custos			Fontes de receita		
Infraestrutura do site	Armazéns	Salários	Mensalidade do clube	Taxa sobre vendas	Anúncios no site

Fluke Cho/Shutterstock

Com o canvas de modelo de negócios em mãos, pode-se começar a fazer perguntas, no sentido de aprimorar cada um dos elementos. Essa tática ajuda a garantir que todos os aspectos do negócio passem por constantes críticas. Se isso for feito periodicamente, com a participação do maior número possível de pessoas de várias áreas da empresa, é esperado que algum ganho em termos de incremento de receita ou redução de custos seja obtido.

Começando pelos **segmentos de clientes**, deve-se avaliar se estão bem definidos ou se é possível dividir um único perfil em dois ou mais para gerar propostas de valor acessíveis. A avaliação deve ser realizada com base nos dados de vendas disponíveis ou em estudos de terceiros, caso não seja possível fazer a análise ou o histórico de vendas seja recente. O empreendedor deve verificar se não há alguma forma de capturar algum perfil de cliente que hoje não usa ou usa pouco o *e-commerce* no segmento do negócio e que seja importante em termos de incremento da receita, além de avaliar se, além de clientes que só usam o *e-commerce* buscando o melhor preço, podem ser capturados outros perfis de clientes cuja tarefa principal seja outra.

capítulo 5

Validados os perfis de clientes, é importante verificar se a **proposta de valor** está bem definida e se é comunicada claramente para o cliente no *site* e em outros canais da empresa. Pesquisas com os compradores cadastrados na plataforma de *e-commerce* podem complementar as informações. Lembre-se de que a melhor proposta de valor não tem impacto no negócio se não for bem compreendida. E não adianta o empreendedor perguntar para a equipe de desenvolvimento se a proposta de valor está claramente comunicada – quem pode confirmar essa hipótese é o cliente.

Quanto ao **relacionamento**, o empreendedor deve avaliar se os clientes estão satisfeitos ou se a forma atual gera mais dores do que ganhos para os clientes, tanto do segmento de compradores como do segmento de vendedores. É preciso buscar sempre a agilidade e a qualidade das respostas. Será o momento de ter um aplicativo próprio para estreitar o relacionamento com os clientes? É possível gerar algum benefício para recompensar os clientes fiéis? Para os vendedores, é possível fornecer relatórios gerenciais que possibilitem o incremento das vendas, o aumento do *ticket* médio* e a redução de devoluções? Já foi avaliada a possibilidade de criar um blogue ou outro repositório de conhecimento para oferecer conteúdo e gerar mais acessos para o *site*? Está sendo aproveitado o potencial de uso das redes sociais como forma de relacionamento com os clientes? Há algum captador de *leads*** no *site*, seja um desconto para a primeira compra, seja um cadastro de *e-mail* para recebimento de ofertas exclusivas? O captador de *leads* está bem posicionado ou fica praticamente escondido do cliente?

No que diz respeito aos **canais**, é possível facilitar o acesso? Há barreiras que possam ser eliminadas para atingir clientes que ainda não usam o *e-commerce* de forma geral ou nos segmentos de negócios da empresa em especial? A entrega dos produtos ao

---

* *Ticket* médio: resultado do faturamento do período dividido pelo número de pedidos de venda.

** *Leads*: clientes potenciais que já demonstraram interesse no produto, ao assinarem a lista de mensagens sobre novidades ou promoções, por exemplo.

cliente pode ser aprimorada em termos de prazo, custo do frete e rastreabilidade? E quanto ao próprio *site*, a qualidade da apresentação, o tempo de acesso, a confiabilidade dos *links*, a precisão das informações de estoque, entre outros elementos técnicos, estão de acordo? Ainda sobre os canais, a tabela de fretes está atualizada e apresenta opções para o cliente selecionar em termos de preço e prazo? O frete grátis pode alavancar pedidos? É fácil cancelar uma compra e fazer uma devolução ou isso gera um transtorno para o cliente? Os filtros e outros meios de localização dos produtos são fáceis de usar e mostram as informações solicitadas de forma clara? Se em algum momento o cliente precisar de ajuda, para o perfil de cliente de destino da proposta de valor um atendimento automático é suficiente ou é preciso um atendimento por humano ou, ainda, uma atuação mais consultiva?

Quanto às **atividades-chave**, há oportunidade de repassar algumas para parceiros para obter um ganho de custo ou para escalar o negócio? É possível aprimorar o desempenho das atividades-chave da operação do *e-commerce* a ponto de causar impacto significativo em termos satisfação do cliente, incremento de receitas ou redução de custos? Existe alguma inovação em processos que possa tornar uma atividade-chave muito mais rápida, muito mais flexível, com custo muito inferior ou com qualidade significativamente superior? É possível realizar as atividades-chave de forma mais sustentável no aspecto ambiental, na operação dos armazéns, na logística, na gestão dos *datacenters* (centros de processamento de dados) ou em outro aspecto da operação de *e-commerce*? Está sendo considerado o impacto social do *e-commerce* de forma global e local, com o objetivo de maximizar os fatores positivos e minimizar os negativos?

A confiabilidade dos **recursos** é garantida de modo a não afetar a operação? Há algum recurso subutilizado que pode ser mais bem aproveitado para ofertar funcionalidades que ajudem o cliente a realizar outras tarefas ou aliviem outras dores que as propostas de valor atuais ainda não atendem? A Amazon, por exemplo, aproveitou a disponibilidade de espaço nos *datacenters* para vender espaço de armazenamento para seus clientes, nesse caso, como um novo negócio. Poderia ainda ter oferecido espaço de armazenamento para clientes que assinam o Amazon Prime de forma gratuita ou com taxas mensais mais acessíveis.

Sobre as **parcerias**, o empreendedor deve considerar as seguintes questões: Se o *e-commerce* usa plataforma própria, já foi avaliado se há vantagens em migrar para uma plataforma licenciada ou SaaS*? Há uma boa gestão da qualidade dos serviços logísticos utilizados por parceiros? É possível estabelecer novas parcerias para oferecer serviços adicionais aos clientes? Se é o caso de um *e-commerce* próprio, não seria interessante fazer uma experiência com o uso em paralelo de *marketplaces*? É possível adotar soluções de *fulfillment***, segundo a lógica do "Você vende, nós fazemos o resto", para reduzir custos com estrutura e possibilitar escalar o negócio com menos investimento?

A **estrutura de custos** é o resultado das decisões sobre todos os outros elementos, é uma consequência. Na verdade, para cada um dos elementos do modelo de negócios do *e-commerce*, tudo o que é incluído é potencialmente um custo adicional. Será incluído um novo canal? Haverá um custo adicional de operação. Será melhorado o relacionamento com o cliente? Haverá um custo adicional para manter as formas digitais e com pessoal para as formas personalizadas. Contudo, antes de sair bloqueando qualquer iniciativa que implique aumento de custos, o empreendedor deve considerar que, em muitas das vezes, o custo adicional é compensado com maior receita ou com a retenção da base de clientes. O importante no final é que a equação do lucro, isto é, a comparação entre as fontes de receita e a estrutura de custos, seja favorável, no curto prazo ou em um horizonte ampliado.

---

* SaaS – *Software as a Service* (*software* com um serviço): modelo de negócio no qual, em vez de vender o *software*, a empresa cobra pelo uso mensal, com valor fixo ou de acordo com a utilização.

** *Fulfillment*: processo que engloba desde o fechamento da compra até a entrega para o cliente final. É possível terceirizar todas as etapas, incluindo armazenagem, gestão de estoques, embalagem, entrega, logística reversa de devoluções e trocas (E-commerce Brasil, 2016).

Por fim, mas nem de longe menos importante, são as **fontes de receita**. No passado era muito simples, a fonte de receita era proveniente das vendas e ponto. Hoje há outras possibilidades: anúncios no *site*, assinatura de serviços *premium*, venda de garantia adicional (extensão da garantia de 12 meses), entre outras. Aqui também há espaço para a prototipação de novos itens para agregar à proposta de valor principal e ofertas temporárias de adicionais. Outra questão importante associada às fontes de receita é a análise do comportamento do *ticket* médio. Há muitas operações de *e-commerce* que se concentram muito em volume, mas acabam vendendo apenas itens de baixo valor com forte competição por preço, o que gera um *ticket* médio menor.

Uma grande vantagem das operações de *e-commerce* é que a maior parte das possibilidades de alteração dos elementos do modelo de negócios são bem mais fáceis de serem testadas em negócios baseados em plataformas digitais. É possível criar um canal e disponibilizá-lo apenas para alguns clientes ou mudar a precificação para apenas parte da base cadastrada e ver se há efeito no aumento da qualidade de pedidos e o impacto no *ticket* médio.

Como forma de testar novas propostas do *e-commerce*, o empreendedor pode ainda direcionar apenas parte da base de clientes para um novo *site*, mantendo os demais na versão tradicional, e avaliar as diferenças de comportamento do cliente com o uso de métricas adequadas.

5.3 Melhoria contínua e garantia de qualidade

O desenvolvimento de uma proposta de inovação desde a sua concepção até o lançamento do produto no mercado envolve o consumo de muita energia da organização, no sentido do esforço empregado

capítulo 5

por todos durante o processo. Exige também um *mindset** (modelo mental) repleto de positividade e resiliência para contornar todos os obstáculos que certamente aparecerão ao longo da jornada.

Depois de toda essa aventura empreendedora, é preciso sair da fase dos projetos (esforços temporários com duração definida e objetivo único) e entrar na fase dos processos (rotinas recorrentes para entregar resultados esperados a partir de demandas do cliente). É nessa virada de chave que muitas pessoas se desmotivam e empresas perdem o foco.

Depois que o produto foi lançado, a partir de uma proposta de valor desejável inserida em um modelo de negócios viável, as vendas começam a aumentar. Por sua vez, aumento de volume traz mais complexidade para a organização. A gestão da inovação agora tem de conviver com a gestão da produção. O tempo disponível para aplicar o potencial criativo na geração de novas soluções e para aprimorar o produto passa a concorrer com interferências que consomem o tempo da equipe. Entre essas interferências ou "distrações" que afetam o foco na entrega de valor, podemos citar:

- correção de falhas no produto;
- falta de insumos;
- problemas com parceiros;
- pedidos de desligamento de pessoas-chave;
- suporte ao cliente sobre a utilização do produto.

Você pode pensar em várias outras dificuldades de um negócio em crescimento, que, por si sós, já tornam a gestão desafiadora. Mas essa dificuldade é ainda maior quando se acumulam problemas de qualidade e falhas nos processos. A ineficiência (retrabalho,

---

* O *mindset*, de acordo com Dweck (2017), é o conjunto de crenças que a pessoa tem e que influenciam as escolhas dessa pessoa. A autora define dois tipos de *mindset*: o fixo, em que a pessoa acredita que suas qualidades como pessoa são imutáveis, e o de crescimento, em que a pessoa acredita que é capaz de se desenvolver com base no esforço e na experiência. Este último está mais de acordo com o perfil inovador.

desorganização, falhas) é inimiga da efetividade (atingimento de metas, satisfação do cliente).

Desse modo, é preciso que o empreendedor se preocupe com a gestão dos processos, e mesmo para isso o canvas de modelo de negócios pode ser muito útil, já que em seus elementos ele contempla todos os aspectos que precisam ser gerenciados no negócio.

Quando se trata de um modelo de negócios já validado e confirmado pelo mercado, é o momento de buscar aumentar a eficiência dos processos, o que remete a atividades-chave, recursos, parceria e canais. É o momento de pensar na gestão das operações com foco na garantia da qualidade e na manutenção dos custos em patamares adequados. E, quando se fala em eficiência, não há como deixar de mencionar a filosofia *lean* (produção enxuta).

A filosofia *lean* é proveniente da manufatura, mais especificamente do Sistema Toyota de Produção, mas tem ampla utilização em serviços e, mais recentemente, nas empresas de TI (tecnologia da informação), depois de ter sido popularizada por Eric Ries (2012), no livro *A startup enxuta*. A filosofia *lean* se baseia em cinco princípios:

1. **Valor** – identificar o que é importante para o cliente e valorizar.
2. **Fluxo de valor** – sequenciar as etapas necessárias para entregar valor ao cliente e eliminar as atividades que não agregam valor.
3. **Fluxo contínuo** – eliminar a espera e os estoques intermediários entre as etapas do processo.
4. **Produção puxada** – fazer com que a demanda do cliente dite o ritmo da produção em vez de produzir para estoque ou por previsão.
5. **Perfeição** – buscar sempre aprimorar os processos até eliminar todos os erros e desperdícios.

O nome *lean* ou *enxuto* provém da característica do sistema produtivo que aproveita ao máximo os recursos disponíveis, focando a redução de desperdícios, o que se justifica por ter sido criado na indústria japonesa do pós-guerra (Obara; Wilburn, 2023). O Japão é um país com poucos recursos naturais, se comparado com outros com PIB (Produto Interno Bruto) similar, e essa escassez foi agravada a partir da Segunda Guerra Mundial. Para otimizar recursos (pessoas, materiais, instalações, equipamentos), o *lean* se concentra em reduzir desperdícios, dando origem aos sete tipos de perdas tradicionais, mais o desperdício intelectual, associado às pessoas que executam os processos, conforme demonstrado no quadro a seguir.

Quadro 5.3 – As oito perdas *lean* nos contextos de manufatura, serviços e desenvolvimento de *software*

Tipo de perda	Na manufatura	Em serviços	No desenvolvimento de *software*
Transporte	Ineficiência na logística externa para recebimento de materiais e entrega do produto ao cliente.	Roteiros ineficientes no transporte para atendimento ao cliente.	Transferência da responsabilidade de tarefas com perda de conhecimento.
Estoque	Itens prontos aguardando as próximas etapas da produção.	Itens necessários para o serviço prontos, aguardando as próximas etapas de produção. Acúmulo de informações valiosas sem utilização, por exemplo, no *marketing*.	Acúmulo de tarefas concluídas parcialmente. Por exemplo, código pronto, mas não testado.
Movimentação	Distância ou quantidade de movimentações excessivas de itens na produção.	O mesmo que na manufatura, acrescido de movimentação excessiva durante a prestação do serviço.	Troca constante de tarefas por uma mesma pessoa, com perda de foco.

(continua)

(Quadro 5.3 - conclusão)

Tipo de perda	Na manufatura	Em serviços	No desenvolvimento de software
Espera	Tempo que uma pessoa ou recurso fica aguardando pela conclusão da etapa anterior para poder iniciar.	Espera do cliente por uma etapa do atendimento ou da execução do serviço.	Um ou mais membros do time aguardando uma pessoa ou outro time concluir parte do projeto.
Produção excessiva	Produção de itens por previsão ou para estoque, sem haver a efetiva demanda.	Execução de funções do serviço que não fazem a diferença para o cliente e sobrecarregam os recursos.	Funcionalidades excessivas, que não são usadas ou são pouco utilizadas.
Processamento excessivo	Uso de método ineficiente em etapas da produção, com consumo de tempo ou de materiais excessivo.	Etapas desnecessárias na produção de itens usados no serviço ou em sua execução.	Códigos complexos e excessivos.
Defeitos	Itens que precisam ser descartados ou reparados.	Experiência insatisfatória do cliente com algum aspecto do serviço.	*Bugs* (erros) no *software* ou desempenho baixo de uma funcionalidade.
Desperdício intelectual	Deixar de aproveitar ideias de funcionários para resolver problemas.	Falta de autonomia do pessoal do atendimento para resolver problemas do cliente.	Manter desenvolvedores com conhecimento avançado realizando tarefas simples.

Fonte: Elaborado com base em Obara; Wilburn, 2023.

capítulo 5

Embora a discussão sobre os métodos para tratamento das perdas *lean* esteja fora do escopo deste livro, a atenção em relação à ocorrência dessas perdas já é um primeiro passo importante. Em reuniões periódicas, é interessante que o empreendedor reserve tempo para rever os processos e os produtos a fim de identificar oportunidades de melhoria baseadas em cada tipo de desperdício.

Ademais, o princípio geral de combater desperdícios deve ser trabalhado com as equipes, uma vez que normalmente não é algo contemplado na formação acadêmica. Há quem pense, ainda, que não há espaço para esse tipo de discussão no ambiente de inovação, o que pode tornar as iniciativas inviáveis. Como já foi dito mais de uma vez neste livro, é preciso gerar propostas de valor desejáveis, que encantem os clientes, mas que se encaixem em modelos de negócios factíveis e viáveis.

Para cada elemento do modelo de negócios, é possível aplicar o pensamento *lean*, para tornar o elemento mais eficiente. Isso vale para parcerias que buscam a eficiência logística e o menor custo de aquisição (sem perda da qualidade). Vale também para as atividades-chave, que devem ser realizadas de forma eficiente. O mesmo raciocínio serve para os recursos que devem ser mantidos de forma eficiente, sem indisponibilidade. No relacionamento com o cliente há também espaço para a redução de desperdícios, como no caso de haver uma quantidade de pessoas excessiva no suporte ao cliente com baixas medidas de atendimento ou, ainda, o não aproveitamento de recursos de atendimento automático ao cliente (quando isso não afeta a satisfação do cliente). Nos canais, que englobam as formas como o cliente recebe a proposta de valor, há a oportunidade de atuar com os desperdícios *lean*, na busca de redução de perdas na logística, por exemplo.

Além da eficiência, é preciso manter a qualidade daquilo que é ofertado. Santos, Varvakis e Gohr (2015) afirmam que, de todas as definições de qualidade, a centrada no usuário, segundo a qual a qualidade é a garantia de satisfação do cliente, engloba outras dimensões, como a qualidade baseada na produção, que envolve conformidade com as especificações do produto, especificações estas que são desenvolvidas – espera-se – com base na compreensão de requisitos para atender às necessidades do cliente.

Ao tratar da qualidade, é preciso falar sobre padrões. Padronização é algo que, num primeiro momento, parece não combinar com inovação. Enquanto a inovação envolve um grande dispêndio de energia em um pensamento divergente, na busca de oportunidades, a padronização diz respeito à conformidade, à redução de variações nos processos. Entenda que o padrão é a melhor forma encontrada, até o momento, para realizar algo. Assim que melhores formas sejam definidas, serão incorporadas a um novo padrão. Não há, portanto, como justificar o pensamento de que padronizar é burocratizar os processos, bem pelo contrário.

O que seria das empresas altamente inovadoras e seus produtos, sem a padronização dos processos. Imagine a Apple sem padrões de fabricação com foco em 100% de conformidade. Pense em um aplicativo de mobilidade no qual falhas na cobrança são frequentes. Em um serviço como a Netflix, imagine como seria a experiência de uso se o aplicativo apresentasse costumeiramente erros ao carregar o título selecionado. Podemos pensar também em uma companhia aérea com uma proposta de valor encantadora, mas que seja destruída por falhas na operação e na segurança dos voos. Essas falhas decorrentes de problemas de qualidade afetam a percepção de valor pelo cliente e geram prejuízo para a empresa.

É importante destacar igualmente as diferenças na gestão da qualidade entre a produção de bens e serviços. Na produção de bens, como o livro impresso que você está lendo, é possível incluir nos processos etapas de verificação de conformidade, ao menos por amostragem, nas fases finais da produção. Já os serviços se caracterizam pela **intangibilidade**, pela **simultaneidade** e pela **participação do cliente** (Santos; Varvakis; Gohr, 2015). Portanto, mesmo depois que todos os itens tangíveis já foram produzidos e verificados, ainda há espaço para problemas de qualidade na execução do serviço.

5.4 A melhoria da sustentabilidade do negócio como forma de gerar mais valor

Estudos da consultoria McKinsey (Am; Noble; Malik, 2023) apontam que mais de 70% dos consumidores pesquisados em diversas indústrias, incluindo a automotiva, a de construção, a eletrônica e a de produtos embalados, aceitariam pagar um acréscimo de 5% ou mais por um produto sustentável, desde que esse produto tivesse uma *performance* similar à das opções não sustentáveis. Pode parecer uma diferença pequena, mas em indústrias com forte competitividade isso pode ser um diferencial importante. No mesmo artigo são apresentados cinco benefícios obtidos com o aprimoramento da sustentabilidade ambiental, social e de governança corporativa:

1. crescimento da receita;
2. redução de custos;
3. redução das intervenções regulatórias e legais;
4. aumento da produtividade dos funcionários;
5. otimização de ativos e investimentos.

É possível incluir nas decisões da proposta de valor e do modelo de negócios a variável ambiental como critério de seleção entre diferentes alternativas. Se o empreendedor fizer isso, vai se sentir bem, com certeza, por estar fazendo sua parte e estará satisfazendo clientes que valorizem esse comportamento responsável.

Na elaboração da proposta de valor, ao se mapear o perfil do cliente, é possível avaliar se há dores relacionadas com a *performance* ambiental dos produtos ou serviços. Para bens de consumo, por exemplo, há uma crescente preocupação de segmentos de clientes em relação às embalagens, muitas vezes descartadas instantes após o início da utilização, algumas produzidas com materiais não recicláveis, um ponto de atenção em termos de sustentabilidade ambiental.

Há também que se considerar a *performance* em termos de consumo de energia do produto e das instalações usadas para produzi-lo.

No caso de aplicativos para *smartphones*, a percepção do cliente de que a empresa se preocupa com o tempo excessivo de uso do aplicativo, uma demonstração de sustentabilidade do critério social, pode ser um gerador de ganho. Outro gerador de ganho que pode fazer sentido para o cliente é destinar parte da receita da aquisição do aplicativo, ou de compras de itens adicionais após a instalação, para projetos sociais.

No que diz respeito ao modelo de negócios, para cada elemento é possível avaliar melhores opções no critério de sustentabilidade ambiental e social.

Na figura a seguir são apresentadas algumas possibilidades de inclusão de critérios de sustentabilidade por elemento do modelo de negócios, de uma forma genérica. Cada pessoa interessada em melhorar o desempenho ambiental da empresa em que atua pode fazer a mesma análise em seu modelo de negócios.

Figura 5.3 – Considerações sobre sustentabilidade nos elementos do modelo de negócios

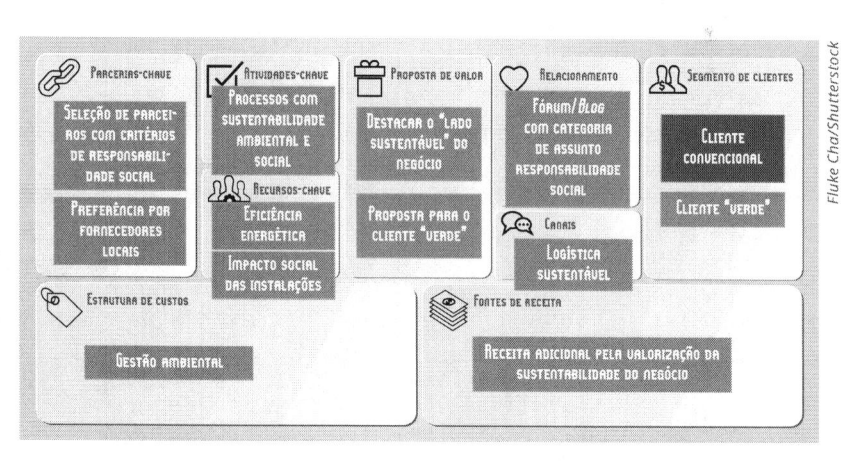

Parcerias-chave	Atividades-chave	Proposta de valor	Relacionamento	Segmento de clientes
Seleção de parceiros com critérios de responsabilidade social	Processos com sustentabilidade ambiental e social	Destacar o "lado sustentável" do negócio	Fórum/Blog com categoria de assunto responsabilidade social	Cliente convencional
Preferência por fornecedores locais	Recursos-chave: Eficiência energética	Proposta para o cliente "verde"	Canais: Logística sustentável	Cliente "verde"
	Impacto social das instalações			

Estrutura de custos	Fontes de receita
Gestão ambiental	Receita adicional pela valorização da sustentabilidade do negócio

Fluke Cha/Shutterstock

Fonte: Elaborado com base em Osterwalder; Pigneur, 2011.

capítulo 5

O chamado *cliente "verde"* é aquele que dá preferência (e se dispõe a pagar mais, se necessário) a produtos que se destacam em termos de sustentabilidade ao longo do ciclo de vida, que sejam provenientes de operações sustentáveis ou, no melhor dos mundos, que sejam eficientes nos dois aspectos. O importante é que, ao atender aos requisitos do cliente "verde", se mantenha o atendimento das necessidades e desejos do cliente convencional. Cabe ainda considerar que é bem mais provável que um cliente convencional se converta em "verde" do que o contrário.

Osterwalder et al. (2021) exploram o caso da empresa de roupas esportivas Patagonia, que adotou um modelo de negócios com considerações ambientais em vários elementos do modelo de negócios. Nas atividades-chave, a empresa coloca o foco em processos e materiais que garantam a durabilidade do produto, com práticas de produção sustentável, e inclui ainda atividades de reparo e reciclagem de seus produtos.

Continuando a dissecar o modelo de negócios da Patagonia, Osterwalder et al. (2021) analisam que a proposta de valor da empresa tem duas vertentes: equipamento para atividades ao ar livre sustentável e roupas de segunda mão. Com isso, atende dois perfis de clientes: os entusiastas de atividades ao ar livre mais abastados e os com orçamento limitado que ainda podem ter os produtos da marca comprando itens usados. O perfil mais abastado se dispõe a pagar um preço *premium* pelos produtos da marca por entender que a produção sustentável e a alta qualidade justificam tal preço.

5.5 Outras ferramentas para o canvas da proposta de valor e o canvas de modelo de negócios

Já vimos que o canvas da proposta de valor é inseparável do canvas de modelo de negócios, pois não há proposta de valor, mesmo uma sensacional, que não se sustente dentro de um modelo de negócios viável. Mas quais outras ferramentas, técnicas e métodos o empreendedor poderia dominar para aumentar a chance de sucesso?

Há várias opções de ferramentas que podem ser utilizadas em conjunto com o canvas da proposta de valor para:

- melhorar a compreensão do cliente;
- aprimorar a análise de mercado;
- selecionar as mais promissoras entre as diferentes propostas;
- vincular a proposta de valor com a estratégia.

Entre as possíveis ferramentas, destacamos as seguintes, que apresentaremos de forma resumida na sequência:

- cinco porquês;
- mapa de empatia;
- técnica dos seis chapéus;
- análise SWOT;
- mapa da jornada do usuário;
- *brainstorming*;
- testes A/B;
- OKR.

5.5.1 Cinco porquês

Vimos, ao longo deste livro, que inovar implica fazer as perguntas certas mais do que simplesmente descobrir as respostas. Ocorre que, ao perguntarmos algo ao cliente ou outro ator, a primeira resposta pode ser apenas a ponta do problema. Se você pergunta para alguém por que parece cansado, pode ser que a pessoa responda que dormiu mal. Mas por que a pessoa dormiu mal? Acordou várias vezes durante a noite? Por quê? Ingeriu muito líquido antes de dormir? Veja que agora temos algo que pode ser alterado ou eliminado para resolver o problema.

A técnica dos cinco porquês é útil em vários contextos. Sua primeira utilização foi na busca da causa de um problema na produção de um bem ou execução do serviço, para entender o motivo da redução de pedidos de um produto ou para identificar a causa raiz do aumento de reclamações dos clientes. Veja um exemplo de aplicação a seguir.

Ao perguntar para um cliente a principal dificuldade, a resposta foi: "Precisamos de um novo sistema de *marketing*". Vamos, então, aplicar o método dos cinco porquês.

1. Por quê? Nosso sistema é uma porcaria.
2. Por quê? Não consigo usar para o planejamento.
3. Por quê? A informação gerada não serve para nada.
4. Por quê? Os relatórios gerados são imprecisos.
5. Por quê? Informações faltantes e atraso na disponibilização.

Observe que agora há dois problemas para serem trabalhados: informações faltantes e atraso na disponibilização. Para cada um deles pode ser aplicada novamente a ferramenta dos cinco porquês.

A técnica é útil ao se traçar o perfil do cliente no canvas da proposta de valor. Pode-se perguntar o porquê de uma determinada dor do cliente sucessivamente até que se encontre o que realmente incomoda o cliente, a dor para a qual ninguém até o momento previu anestésico.

A mesma lógica pode ser usada para ir mais a fundo no entendimento dos ganhos que o cliente mais valoriza. Por exemplo, quando um cliente diz que gosta de ter desconto acima da tabela com o pagamento à vista, parece ser óbvio que é para economizar. Porém, se o empreendedor perguntar o porquê, algumas vezes pode chegar a uma importante tarefa social, que é o cliente se sentir valorizado pela família e pelos amigos por fazer boas compras.

5.5.2 Mapa de empatia

O mapa de empatia é uma ferramenta comumente usada no *design thinking** que ajuda a entender melhor os clientes e suas necessidades, sentimentos, desafios e comportamentos. Essa ferramenta pode ser usada em conjunto com o canvas da proposta de valor para criar uma proposta mais precisamente direcionada para o perfil do cliente e, por isso, mais atraente. Ademais, o mapa de empatia também é um canvas que serve para coletar informações e registrar *insights* e, da mesma forma que os canvas já estudados neste livro, ajuda na comunicação em uma equipe daquilo que cada um observou. A figura a seguir apresenta um exemplo de mapa de empatia.

---

* *Design thinking*: abordagem voltada para a resolução de problemas complexos, centrada no ser humano e baseada em três pilares: empatia, colaboração e experimentação (MJV, 2019).

Figura 5.4 – Mapa de empatia

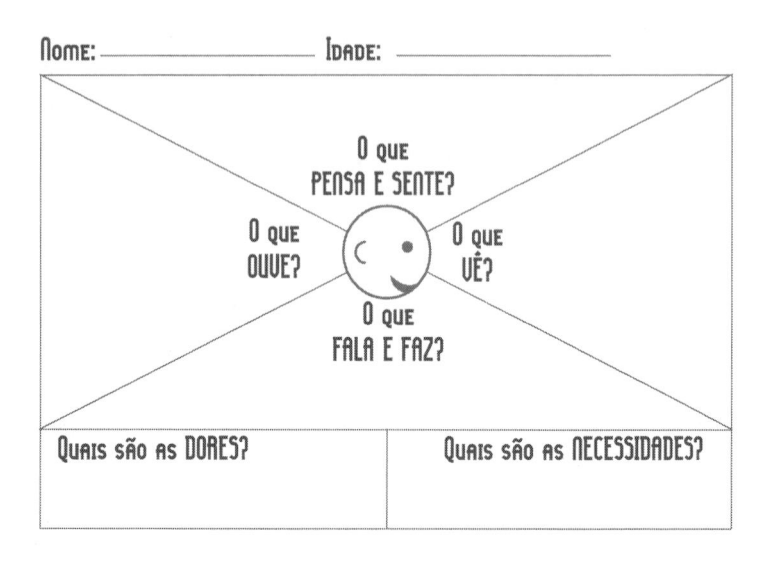

Nome: _____ Idade: _____

- O que PENSA E SENTE?
- O que OUVE?
- O que VÊ?
- O que FALA E FAZ?
- Quais são as DORES?
- Quais são as NECESSIDADES?

Fonte: Inovação Sebrae Minas, 2023.

O formato do mapa de empatia deixa claro que o cliente está imerso em uma realidade na qual fatores internos e externos influenciam suas necessidades e expectativas. O segmento "O que pensa e sente?" serve para expressar as motivações internas do cliente. Em "O que ouve?" se registram as influências externas do cliente, provenientes de outras pessoas. Na parte "O que vê?" se registra o que o próprio cliente percebe em relação ao objeto do estudo. No triângulo identificado como "O que fala e faz?" se registram as manifestações públicas do cliente.

Também há espaço para registrar as dores e as necessidades do cliente, de forma similar ao canvas da proposta de valor. Com essas informações, o mapa de empatia ajuda o empreendedor a entender quem é o cliente, embora a real empatia seja algo mais profundo que não nos compete discutir neste livro.

Se na equipe da empresa há alguém que domina o mapa de empatia, o uso dessa ferramenta pode enriquecer o entendimento e aprimorar a elaboração do perfil do cliente, na parte direita do canvas da proposta de valor. Caso contrário, o mapa de empatia pode ser registrado na lista de competências importantes para serem aprendidas e, no momento oportuno, o empreendedor pode buscar a capacitação da equipe nessa ferramenta.

A figura a seguir apresenta um exemplo de mapa de empatia preenchido para o caso de uma empresa que busca criar uma proposta de mobilidade baseada em bicicletas elétricas.

Figura 5.5 – Exemplo de mapa de empatia preenchido

Nome: ——————— Idade: ———————

O QUE PENSA E SENTE?	
Queria perder menos tempo no trânsito	Gostaria de fazer minha parte
	Preciso ter hábitos mais saudáveis

O QUE OUVE?	O QUE VÊ?
Não são confiáveis	Meus vizinhos estão usando
Bateria costuma dar problema	Há poucos acidentes
As vias não são seguras	O trânsito quase parado e a *bike* passando por mim

O QUE FALA E FAZ?	
Prefiro uma marca confiável	Me preocupo em comprar e não me adaptar

Quais são as DORES?			Quais são as NECESSIDADES?		
Custo de aquisição elevado	Medo de se acidentar	Receio de ficar sem bateria	Agilidade no trânsito	Confiabilidade	Reduzir impacto no ambiente

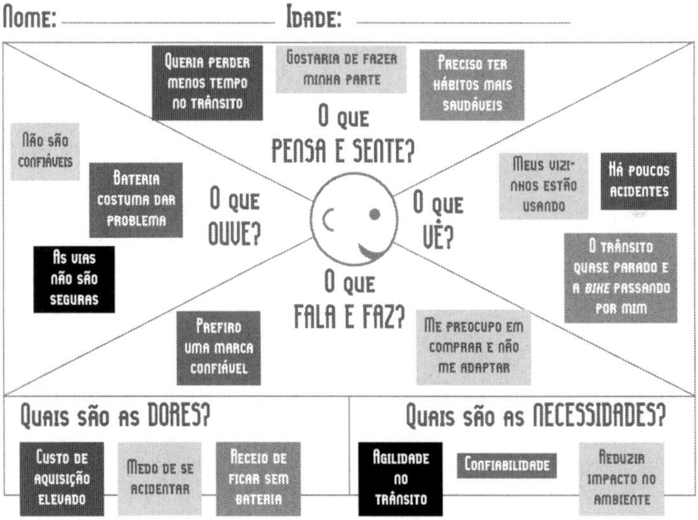

Com base no mapa de empatia do exemplo, a empresa já teria informações para iniciar o preenchimento das dores e das tarefas do perfil do cliente.

5.5.3 Técnica dos seis chapéus

Há muitas formas de se avaliar uma proposta de inovação, individualmente ou em grupo. A técnica dos chapéus do pensamento foi criada por Edward de Bono e apresentada no livro com o mesmo nome em 1985 (De Bono, 2008). A técnica consiste em fazer o grupo a cada momento direcionar o pensamento para o mesmo aspecto, adotando um perfil ou papel a cada troca de chapéu. O quadro a seguir explica cada chapéu do pensamento.

Quadro 5.4 – Os seis chapéus do pensamento

Cor do chapéu	Perfil	Tipos de questionamentos
Branco	Neutro e objetivo	Levantar informações, dissecar a ideia ou proposta até que todos possam compreendê-la. Com o chapéu branco, a pessoa não é nem a favor nem contra nenhuma proposta, apenas está buscando esclarecer o problema e o contexto. Se tiver, apresente dados do tamanho do mercado, resultado de pesquisas, informações obtidas com os clientes. Ao final desta fase, é esperado um nivelamento entre os membros da equipe no entendimento da proposta ou do problema que se quer resolver.
Vermelho	Emocional	Entender como as pessoas se sentem diante da proposta. Quais são as emoções e intuições das pessoas em relação ao que está sendo discutido. Como produto da análise, deve haver um registro das opiniões das pessoas sobre a proposta apresentada.

(continua)

(Quadro 5.4 – conclusão)

Cor do chapéu	Perfil	Tipos de questionamentos
Preto	Negativo	Levantar tudo o que pode dar errado, os riscos, os potenciais problemas, as fragilidades. Vestir o chapéu preto significa testar a resistência das propostas, com foco nos pontos negativos, mesmo que se trate de uma pessoa apaixonada pela ideia. Boas ideias e propostas têm de resistir à validação do chapéu preto.
Amarelo	Positivo	Agora é hora de inverter totalmente o pensamento para destacar todos os aspectos positivos e os benefícios da proposta para o cliente e para a empresa. A vantagem de se fazer isso em grupo é que alguém pode sugerir algo que ainda não havia sido considerado.
Verde	Criativo	Com o chapéu verde, abre-se espaço para o pensar criativo, para resolver problemas identificados na etapa do chapéu preto e verificar alternativas para combinar os benefícios de diferentes propostas. É importante neste momento usar técnicas criativas para a solução de problemas, como os cinco porquês, Mescrai e *brainstorming* (abordado mais adiante). Como resultado desta fase, devem ser produzidas propostas de solução do problema.
Azul	Orientador	O chapéu azul é usado pelo facilitador da reunião para direcionar a equipe. Quando as ideias começam a parar de surgir, o facilitador usa o chapéu azul para orientar os demais à troca de chapéus. O orientador também usa o chapéu azul para resumir cada etapa e para finalizar a reunião.

Fonte: Elaborado com base em De Bono, 2008.

Para aplicar a técnica, deve-se reunir um grupo de 4 a 8 pessoas, incluindo um facilitador, que deve ter conhecimento na aplicação da técnica. Primeiramente, os participantes usam o chapéu branco, momento em que a questão central é exposta, depois pode ser usada a sequência da tabela ou outra sequência que o grupo considerar mais adequada. Ao final de cada etapa (ou cada chapéu), o facilitador registra o aprendizado gerado.

O chapéu azul muitas vezes é opcional, e há quem opte em não usar o chapéu vermelho; portanto, é possível aplicar a técnica com quatro chapéus: branco, preto, amarelo e verde.

Não necessariamente as pessoas terão de usar os chapéus coloridos. Uma alternativa é criar um material na forma de um chapéu de cada cor e colocar na mesa para deixar claro qual chapéu está sendo utilizado. Porém, se as pessoas tiverem um nível de confiança e de relacionamento entre si elevado, fazer uso realmente de chapéus coloridos torna a atividade muito mais impactante.

Recomenda-se reservar o período de 1 hora para a aplicação da técnica e, é claro, executá-la em um espaço apropriado.

5.5.4 Análise SWOT

A análise SWOT – acrônimo para os termos *Strengths* (pontos fortes), *Weaknesses* (pontos fracos), *Opportunities* (oportunidades) e *Threats* (ameaças) – é uma ferramenta de planejamento que olha para dentro e para fora da empresa. Auxilia na análise de quais são as forças e as fraquezas da empresa (olhar para dentro), assim como quais são as oportunidades e as ameaças (olhar para fora). O uso dessa ferramenta em conjunto com o canvas de modelo de negócios pode servir para a empresa encontrar oportunidades de se diferenciar da concorrência e, ao mesmo tempo, concentrar-se em dores e ganhos importantes para o cliente. A partir daí, identificadas as oportunidades de criação de novos modelos de negócios ou de alteração no existente, é possível trabalhar na redefinição da proposta de valor. Na figura a seguir vemos uma matriz SWOT preenchida.

Figura 5.6 – Exemplo de matriz SWOT preenchida

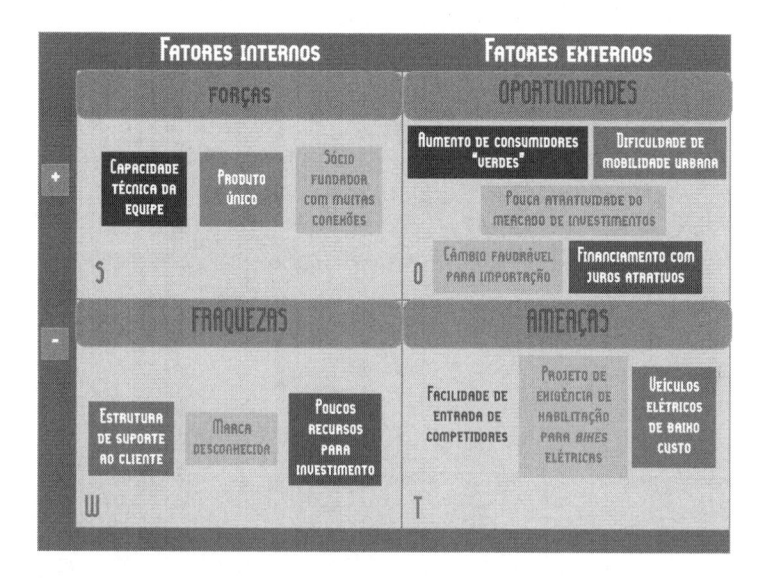

FATORES INTERNOS			FATORES EXTERNOS		
FORÇAS			**OPORTUNIDADES**		
Capacidade técnica da equipe	Produto único	Sócio fundador com muitas conexões	Aumento de consumidores "verdes"		Dificuldade de mobilidade urbana
			Pouca atratividade do mercado de investimentos		
S			O	Câmbio favorável para importação	Financiamento com juros atrativos
FRAQUEZAS			**AMEAÇAS**		
Estrutura de suporte ao cliente	Marca desconhecida	Poucos recursos para investimento	Facilidade de entrada de competidores	Projeto de exigência de habilitação para bikes elétricas	Veículos elétricos de baixo custo
W			T		

A matriz SWOT do exemplo traz o caso de uma empresa de mobilidade que analisa o produto bicicleta elétrica nos quatro quadrantes. No lado esquerdo ficam os fatores internos: forças e fraquezas. Ao elaborar uma proposta de valor, as forças existentes são aproveitadas, na forma de produtos, processos ou recursos, o que já remete ao vínculo também com os elementos do lado esquerdo do canvas de modelo de negócios. Já as fraquezas devem ser trabalhadas se afetarem o fornecimento consistente da proposta de valor ou impedirem a empresa de atingir um nível mínimo para poder concorrer com as ameaças provenientes da concorrência.

Do lado direto da SWOT ficam os dois quadrantes para a análise do contexto externo. As oportunidades podem favorecer o uso das forças e contribuir para resolver as fraquezas. No exemplo foi mapeada a fraqueza "poucos recursos para investimento", o que pode ser contornado com a oportunidade "financiamento com juros atrativos". As ameaças devem ser combatidas com as forças e provocam a reflexão sobre as fraquezas que mais dificultam o aproveitamento das oportunidades.

capítulo 5

Se considerarmos a relação do canvas da proposta de valor com a matriz SWOT, perceberemos que as dores do cliente em relação aos demais produtos existentes podem alimentar o campo das oportunidades na matriz SWOT. Já as dores em relação ao próprio produto da empresa representam as ameaças.

Da mesma forma, é possível olhar para o canvas de modelo de negócios buscando forças e fraquezas em cada um dos elementos, bem como analisar oportunidades e ameaças que afetam a viabilidade do modelo de negócios, conforme ilustrado na figura a seguir.

Figura 5.7 – Aplicando a lógica da SWOT no canvas de modelo de negócios

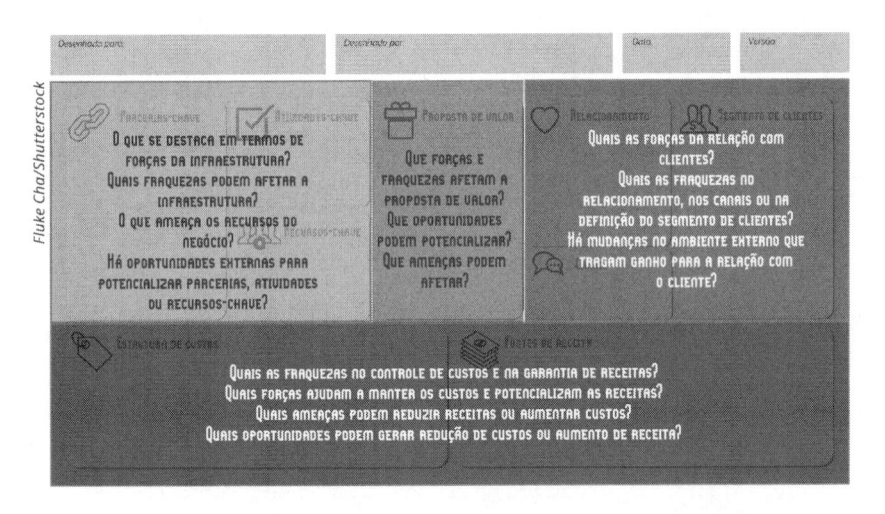

Parcerias-chave	Atividades-chave	Proposta de valor	Relacionamento	Segmento de clientes
O que se destaca em termos de forças da infraestrutura? Quais fraquezas podem afetar a infraestrutura? O que ameaça os recursos do negócio? Há oportunidades externas para potencializar parcerias, atividades ou recursos-chave?		Que forças e fraquezas afetam a proposta de valor? Que oportunidades podem potencializar? Que ameaças podem afetar?		Quais as forças da relação com clientes? Quais as fraquezas no relacionamento, nos canais ou na definição do segmento de clientes? Há mudanças no ambiente externo que tragam ganho para a relação com o cliente?

Estrutura de custos	Fontes de receita
Quais as fraquezas no controle de custos e na garantia de receitas? Quais forças ajudam a manter os custos e potencializam as receitas? Quais ameaças podem reduzir receitas ou aumentar custos? Quais oportunidades podem gerar redução de custos ou aumento de receita?	

Fluke Cha/Shutterstock

Se você é um empreendedor e já usava a matriz SWOT no planejamento, aproveite agora para vincular essa matriz ao canvas de modelo de negócios. Você ficará surpreso com as possibilidades de agregar valor que vão surgir.

5.5.5 Jornada do usuário

A jornada do usuário representa as etapas da experiência de um cliente e descreve os passos antes, durante e depois da aquisição ou utilização do produto ou serviço. É útil para reconhecer dores e ganhos relevantes para o cliente em todos os contatos que ele tem com a empresa. O mapeamento da jornada do usuário é útil para alimentar o canvas da proposta de valor.

Como no canvas da proposta de valor, é preciso definir um perfil de cliente para elaborar a jornada do usuário. O pensamento deve ser mapear a jornada de um determinado usuário, e não a experiência de qualquer um. Uma opção para definir o perfil do usuário que terá a jornada mapeada é o uso do mapa de empatia, que abordamos anteriormente.

Uma forma simples de avaliar a jornada do usuário é fazer sua representação com base em observação e coleta de informações do cliente com o uso de um quadro, como indicado a seguir.

Quadro 5.5 – Mapeamento da jornada do usuário

	Reconhecimento	Pesquisa	Compra	Primeiro uso	Retorno
Descrição da etapa	Agora sei que isso existe	Quero saber mais	Quero para mim	Vou ver como funciona	Quero de novo
O que o cliente faz (tarefas)					
O que o cliente pensa					
Como o cliente se sente					
Quais são as dores ou oportunidades					

capítulo 5

Nas colunas são identificadas as etapas da jornada do usuário. A jornada começa com o reconhecimento da existência do produto, seguido da etapa da pesquisa de informações adicionais. O cliente passa, então, pela etapa da compra, que pode ser uma simples escolha autônoma ou um processo assistido por um representante da empresa. A próxima etapa é o primeiro uso, que é crítico, pois o cliente não tem experiência prática com o produto. Cliente satisfeito, a jornada continua com o retorno do cliente para novas aquisições do produto. Dependendo do produto, podem ser definidas diferentes etapas.

Nas linhas estão os campos para serem registrados *insights* sobre a jornada. Primeiro, indica-se o que o cliente faz em cada etapa e, depois, o que o cliente pensa ao vivenciar cada etapa: é fácil, é confusa, é ágil, tem passos em demasia até a conclusão. Segue-se uma avaliação do sentimento do cliente em relação a cada etapa da jornada. É comum usar *emoticons*, as "carinhas" de emoções, para sintetizar o sentimento, que pode ser positivo, negativo ou neutro. Por fim, com base nas informações coletadas nas três primeiras linhas, são registradas as dores ou oportunidades de melhoria, que podem ser trabalhadas no canvas da proposta de valor (tarefas, dores e ganhos) e no canvas de modelo de negócios (melhoria no relacionamento, em canais, no campo das iniciativas principais).

Vamos esclarecer o uso da ferramenta jornada do usuário com um exemplo de um estudo de caso ocorrido com o autor deste livro.

Estudo de caso

Há pouco tempo precisávamos comprar uma sapateira compacta. Inicialmente, fomos a uma unidade de uma rede de lojas e não encontramos o que queríamos. Pesquisamos, então, no *site* da loja e encontramos a opção desejada, embora as informações sobre o produto fossem escassas. Seguindo um procedimento bem simples, consegui um desconto de 10% na primeira compra, o que foi uma surpresa positiva. Foram cerca de 10 dias até o produto chegar à loja física indicada no momento da compra.

Levei mais alguns dias para poder buscar o produto, que veio desmontado em uma caixa, e o processo de retirada do produto foi ágil, com um atendente cordial. Levei mais alguns dias até abrir o produto e verificar que o manual de montagem era bem complicado. Procurei no *site* mais informações sobre a montagem e não as localizei.

Também achei o produto frágil e pouco funcional. Por isso decidi fazer a devolução. Não achei a opção "Devolver o produto" no *site*. Liguei para o número da loja, e a ligação caiu em uma central com a informação de que no feriado não havia atendimento. No dia seguinte, liguei novamente e não achei uma opção para falar com um atendente. Minha dúvida era se eu poderia simplesmente levar o produto até a loja ou se teria de iniciar a devolução pelo *site*.

Não consegui a informação e não havia a opção de um número de telefone para falar diretamente com a loja física. Comecei a ficar preocupado, mas decidimos ir à loja. Chegamos lá e foi o oposto do que esperávamos. A devolução foi simples; o próprio atendente inseriu meus dados bancários no sistema para a transferência do valor da devolução. Em três dias o valor havia sido creditado.

Na figura a seguir é apresentado o mapa da jornada do usuário desta experiência híbrida entre loja virtual e física.

Figura 5.8 – Exemplo de mapa da jornada do usuário de compra na internet e posterior devolução

	Pesquisa de opções de produto	Pesquisa de informações sobre o produto	Compra	Logística de entrega	Retirada na loja física	Montagem	Devolução
O que o cliente faz (tarefas)	Pesquisa na internet. Visita à loja física. Produto indisponível.	Pesquisa no *site*.	Compra pela internet. Pagamento com Pix.	Prazo de entrega longo: 10 dias.	Retirada no balcão, bastando informar o CPF.	Instruções confusas. Não sabia que era preciso parafusar na parede.	Simples, bastando informar CPF, sem questionamento desnecessário.
O que o cliente pensa	Gostaria de manusear o produto antes de comprar.	*Site* com poucas informações sobre o produto. Manual de montagem indisponível.	Processo de compra tranquilo e aparenta ser confiável.	Muito demorado. Prefiro o padrão Amazon.	Cordialidade no atendimento e rapidez. Não solicitou nota fiscal nem número do pedido.	Muito complicado para montar, tem de ser marceneiro.	Fui com receio de que complicariam, tentariam me fazer desistir da devolução. Mas foi rápido e fácil.
Como o cliente se sente	😐 XXXX → 🙂 XXXX → 😞 XXXX → 😀 XXXX → 🙁 XXXX → 😀 XXXX → ☹ XXXX → 😀 XXXX						
Quais são as dores ou oportunidades	Vídeo da loja com demonstração do produto.	Disponibilizar manual de montagem e vídeo. Nível de dificuldade da montagem.		Deixar mais claro o prazo no momento da compra. Agilizar entrega.		QR Code com vídeo orientando sobre a montagem.	

Ao analisar o mapa da jornada do usuário da figura, é possível verificar que há altos e baixos no sentimento do cliente, variando entre os extremos positivos e negativos. Outra constatação a partir desse exemplo é que uma proposta de valor altamente desejável pode ser destruída caso a execução dos processos seja ruim. Como já afirmamos anteriormente, as melhores ideias não têm valor quando não são bem executadas.

5.5.6 Brainstorming

O *brainstorming*, ou tempestade de ideias (ou "toró de palpites", no popular), é um dos métodos que as pessoas mais dizem que aplicam. Porém, na maioria das vezes, aplicam o método de forma tão descuidada que acabam não gerando resultado e causando frustração entre os participantes.

Note que não há problema nenhum em reunir pessoas para coletar ideias de uma forma livre e sem nenhuma regra. Pode até ser que isso dê resultado. Mas uma simples reunião para coletar ideias não é *brainstorming*.

Vejamos, então, alguns cuidados, segundo Dias (2020), para que o *brainstorming* seja uma ferramenta efetiva para a geração de ideias e a solução de problemas e um ponto de partida para projetos de inovação:

1. Atenção ao tamanho dos grupos – O ideal é formar grupos de cinco a dez pessoas. Um grupo de poucas pessoas não gera a multiplicidade de pontos de vista para criar o atrito que incendeia a criatividade. Um grupo de muitas pessoas faz com que apenas uma pequena parte consiga efetivamente participar.

2. Atenção a críticas – Na etapa de geração de ideias do *brainstorming*, que precede a seleção e a priorização, é proibido criticar (nem verbalmente, nem com linguagem não verbal), o que não é algo fácil.

3. Registrar as ideias o mais próximo possível da forma como forem expressas – Correções para aprimorar a gramática podem mudar o sentido da ideia. Se for necessário abreviar, deve-se pedir ao autor da ideia para confirmar se ele está de acordo com o ajuste realizado.

4. Evitar a concentração das participações – Se observar que apenas duas ou três pessoas estão dominando a discussão, o organizador deve agir para que todos tenham a oportunidade de contribuir.

5. Se tudo ficar muito "morno", dar uma agitada – É importante usar técnicas de facilitação, café, doces, o que for preciso para energizar as pessoas para que seja gerada uma grande quantidade de ideias. Não faz nenhum sentido realizar um *brainstorming* para chegar ao final e obter em média uma ou duas ideias por participante. É tempestade de ideias, não brisa suave.

6. Promover o desapego – Deve-se deixar claro que as ideias são do grupo, não da primeira pessoa que as sugeriu. As pessoas devem se sentir à vontade para se apropriarem de ideias alheias e eliminá-las, mudá-las ou combiná-las.

7. Atenção para a seleção de ideias – Convém usar critérios bem definidos para selecionar as ideias que podem ser aproveitadas no momento e esclarecer o motivo de outras não terem sido selecionadas. Quando as pessoas entendem o motivo de uma ideia não ter sido selecionada, reforça-se o sentimento de que não se trata de algo pessoal.

8. Fazer uso da versão escrita, o *brainwriting* – Coletar ideias registradas em notas adesivas é útil quando há pessoas no grupo que não se sentem à vontade em sugerir ideias mais diferenciadas ou quando há a participação de poucas pessoas. O momento silencioso de gerar ideias individualmente antes de fixá-las em um quadro favorece a concentração. Porém, deve haver oportunidade para todos conhecerem as ideias dos demais antes de iniciar novas rodadas.

9. Não é preciso encerrar o processo em um único dia – Se for necessário interromper o *brainstorming* e recomeçá-lo em outro dia, isso deve ser feito, pois é melhor do que obter poucas ideias ou ideias sem qualidade. A incubação de ideias pode favorecer soluções criativas.

10. Armazenar e divulgar as ideias geradas – Isso pode ajudar a gerar outras ideias e mostrar para as pessoas que o *brainstorming* não é algo complicado, como um "bicho de sete cabeças". Salvo questões confidenciais, quanto mais forem compartilhadas, mais ideias se multiplicarão.
11. Valorizar o resultado, mas não deixar de reconhecer o esforço – Mesmo que não surja uma solução viável, nem tudo está perdido. Pode ser que futuramente as ideias sejam insumos para uma melhoria ou inovação. É importante valorizar o esforço representado pela quantidade de ideias e a criatividade presente nas ideias mais diferenciadas.
12. Usar o PDCA* no *brainstorming* – Se as sessões de *brainstorming* não estão fluindo bem, deve-se repensar a forma de aplicação da técnica, mudar de local, mexer na composição da equipe, introduzir algum elemento diferente e a cada mudança avaliar se o processo fica mais efetivo.

5.5.7 Testes A/B

Os testes A/B envolvem a criação de duas versões diferentes de um protótipo, para verificar qual delas funciona melhor, com *feedback* direto do cliente (Ries, 2012). Isso pode ser usado quando já existem pelo menos duas opções de canvas da proposta de valor. É possível comparar duas propostas de valor ou variar apenas um componente da proposta de valor de cada vez. Muitas vezes, o teste A/B é aplicado sem que o cliente tome conhecimento; é provável até que você já tenha participado de algum e não tenha percebido.

Não é preciso ter um produto pronto para realizar um teste A/B. É possível aplicar esse teste também nas etapas da jornada

---

* PDCA: ciclo de melhoria, em que cada letra representa uma etapa: P – *Plan* (Planejar); D – *Do* (Executar); C – *Control* (Controlar); A – *Act* (Agir).

do usuário, por exemplo, no *site* de apresentação das características do produto.

Para aplicar um teste A/B, é necessário, como quase tudo na vida, definir antes os objetivos e as métricas. Por exemplo, ao fazer um teste A/B para avaliar qual é a versão do *site* mais engajadora, pode-se direcionar os clientes aleatoriamente na proporção 50/50 para cada opção e medir o tempo de permanência, a taxa de conversão e outros indicadores que permitam a análise quantitativa.

A figura indicada a seguir ilustra a lógica do teste A/B.

Figura 5.9 – Teste A/B

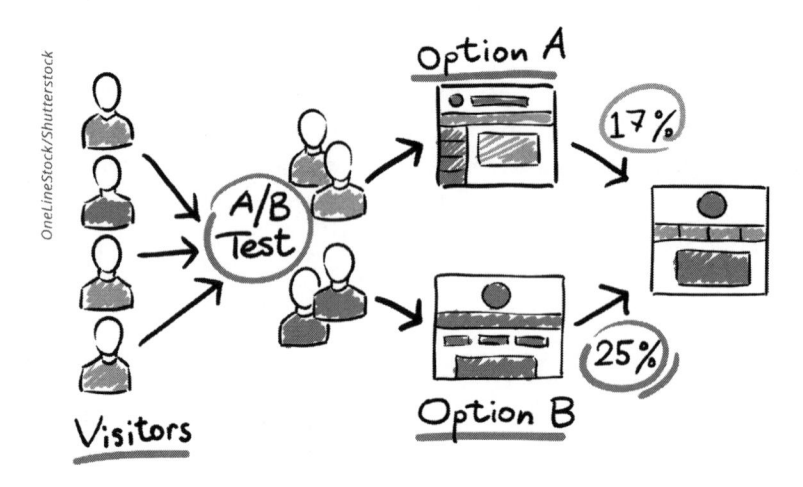

A boa notícia é que hoje ferramentas de automação de *marketing* já têm módulos para planejamento, execução e análise dos testes A/B, permitindo a aplicação com muitos clientes.

Se o empreendedor tiver várias opções para avaliar, de propostas de valor, por exemplo, deve fazer o teste A/B com todas as combinações, se isso for viável. Para três opções, haverá três combinações, para quatro opções, serão seis combinações – acima disso, é importante revisar ou dominar as bases de matemática.

5.5.8 OKR

De acordo com Doerr (2019), OKR é uma abordagem que pode ser adotada para definir objetivos claros e mensuráveis e acompanhar o progresso em relação a esses objetivos. Se pensarmos que, ao usar o canvas da proposta de valor e o canvas de modelo de negócios, buscam-se oportunidades de aprimorar a satisfação com o produto, o uso do OKR é uma boa opção para acompanhar o progresso em relação a esses objetivos ao longo do tempo.

Como o acrônimo sugere, primeiramente é definido um objetivo, o que se quer alcançar. Depois são definidos os resultados-chave (*key results*), que correspondem ao que será mensurado. Por fim, são definidas as iniciativas que serão executadas para atingir os resultados-chave. A dinâmica do OKR é ilustrada na figura a seguir.

Figura 5.10 – Desmembramento dos objetivos em *key results* e iniciativas

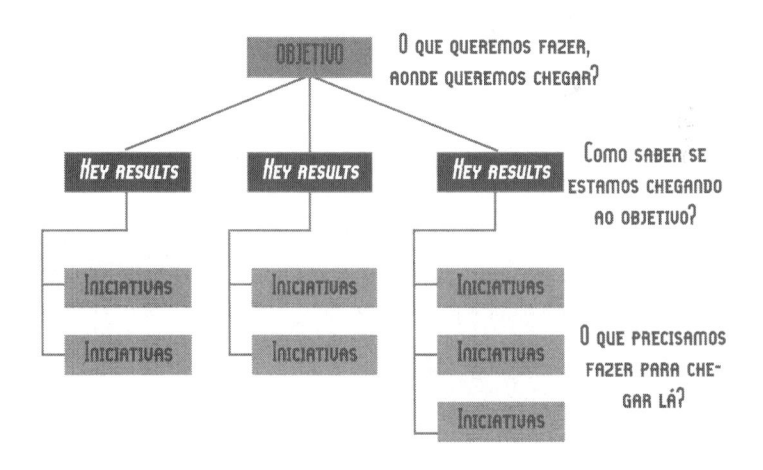

Fonte: Elaborado com base em Doerr, 2019.

capítulo 5

A abordagem do OKR prevê o papel do OKR *master*, pessoa que acompanhará o processo e dará suporte às equipes no uso do método. É um papel que pode ser exercido por alguém com afinidade com gerenciamento de projetos e gestão por indicadores e com um mínimo de capacitação em OKR (há formações e certificações sobre o tema).

Vejamos um exemplo de OKR a seguir.

Primeiramente, define-se o objetivo: **duplicar o faturamento do *site* de compras até o final do ano**. Para esse objetivo, foram definidos dois resultados-chave (KR – *key results*).

1. KR1: aumentar o *ticket* médio em 30%

   - Iniciativa 1.1 – lançar dez novos produtos até julho.
   - Iniciativa 1.2 – contratar mais dois consultores de vendas.

2. KR2: aumentar o NPS* (*Net Promoter Score*) para 85%

   - Iniciativa 2.1 – implantar o novo sistema do SAC para reduzir o prazo de retorno das solicitações de informação.
   - Iniciativa 2.2 – contratar mais um atendente para o SAC.

Espera-se que, ao se atingirem os dois KRs, o objetivo tenha sido alcançado. O fato de isso não ocorrer indica que os KRs não foram bem definidos.

Aqui apresentamos de forma sucinta o conceito e a estrutura do OKR, mas vale a pena conhecer mais sobre essa abordagem, que contribui para a gestão ágil de projetos de melhoria e inovação.

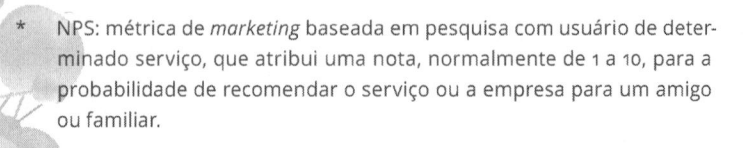

---

* NPS: métrica de *marketing* baseada em pesquisa com usuário de determinado serviço, que atribui uma nota, normalmente de 1 a 10, para a probabilidade de recomendar o serviço ou a empresa para um amigo ou familiar.

> **Para saber mais**
>
> Sugerimos a leitura do texto indicado a seguir:
>
> SANTOS, M. Saiba o que é e como implementar a metodologia OKR. **Sebrae**, 17 jul. 2015. Disponível em: <https://sebrae.com.br/sites/PortalSebrae/artigos/artigoshome/gestao-de-metas-como-implementar-a-metodologia-okr,a67875d380a9e410VgnVCM1000003b74010aRCRD>. Acesso em: 15 dez. 2023.

5.9 Utilização dos padrões de modelos de negócios para inovar

Além de todas as ferramentas discutidas neste livro, para uma empresa que pretenda inovar seu modelo de negócios há outras fontes de conhecimento importantes. No livro *Empresa invencível*, Osterwalder et al. (2021) dissecam modelos de negócios para empresas que operam no modelo desbravar, ou seja, que estão em busca de um modelo de negócios para escalar, e no modo explorar, que, nesse caso, já têm um modelo de negócios consolidado para tirar proveito.

Para cada uma das realidades da empresa, os referidos autores apresentam dois padrões de inovação de modelo de negócios:

1. **padrões inventivos** – para o modo desbravar;
2. **padrões transformadores** – para o modo explorar.

Os padrões inventivos servem para gerar inovação de ruptura no modelo de negócios e podem atuar em diferentes blocos. Na sequência, apresentaremos um resumo apenas dos padrões inventivos propostos Osterwalder et al. (2021).

capítulo 5

Os padrões **exploradores de mercado** servem para criar, liberar ou destravar mercados novos, inexplorados e mal atendidos. Para esse tipo de padrão inventivo, Osterwalder et al. (2021, p. 144) sugerem a seguinte pergunta gatilho: "Como entrar em mercados novos, inexplorados ou mal atendidos, com grande potencial?". O foco aqui é no elemento **segmento de clientes** no modelo de negócios. A Tesla viu um grande mercado inexplorado de veículos elétricos de luxo e alto desempenho, por exemplo.

Os padrões inventivos do tipo **canais líderes** se voltam para o elemento **canais** do modelo de negócios. Propõem mudar radicalmente a forma de aquisição de clientes, incluindo a adoção de canais que nunca foram adotados no setor de atuação do negócio. A pergunta gatilho para esse padrão inventivo é: "Como aumentar o acesso ao mercado e criar canais fortes e diretos para nossos clientes finais?" (Osterwalder et al., 2021, p. 150). A Natura, por exemplo, é uma das maiores fabricantes de cosméticos da América Latina e tem uma rede de milhares de consultoras, em um modelo de empoderamento feminino.

O padrão inventivo **criadores de atração** dedica-se à retenção de clientes, com foco no elemento **relacionamento com clientes**. O objetivo é dificultar a migração de clientes para a concorrência. A pergunta gatilho sugerida é: "Como dificultar a saída dos clientes e aumentar os custos de troca de maneira positiva?" (Osterwalder et al., 2021, p. 156). A Microsoft, por exemplo, nas primeiras versões do Windows, fez acordo com fabricantes de computadores para que o sistema operacional viesse pré-instalado, gerando a retenção da maioria dos clientes.

Os padrões inventivos do tipo **castelos de recursos** bloqueiam o acesso aos meios usados para desenvolver e produzir o produto (marca, patentes, base de usuários, especialistas), dificultando a reprodução da proposta de valor. O foco aqui obviamente é no elemento **recursos** do modelo de negócios. A pergunta gatilho sugerida por Osterwalder et al. (2021, p. 164) é: "Como a dificuldade de copiar os recursos pode se tornar um pilar fundamental do modelo de negócios?". Por exemplo, o Waze, aplicativo de navegação para dispositivos móveis, protege-se dos concorrentes usando uma grande base de usuários, que alimenta o sistema com informações em tempo real.

Focando as **atividades-chave** do modelo de negócios, o padrão inventivo **diferenciador de atividade** gera ruptura, alterando radicalmente a forma de execução dos processos. A pergunta gatilho aqui é: "Como criar valor significativamente maior para os clientes executando novas atividades ou formas inovadoras ou disruptivas" (Osterwalder et al., 2021, p. 172). Por exemplo, a Dell causou uma ruptura no mercado de computadores pessoais ao vender diretamente ao consumidor, permitindo a personalização da configuração e só iniciando a produção após a venda, o que exigiu um processo produtivo extremamente rápido e flexível.

Para permitir o crescimento rápido, é importante avaliar a adoção dos padrões inventivos **escaladores**. Aqui o foco é nas parcerias como forma de romper limitações ao crescimento da empresa. De acordo com Osterwalder et al. (2021, p. 178), a pergunta gatilho para esse caso é: "O que fazer de diferente para tornar o modelo de negócio escalável (como eliminar gargalos de recursos e atividades)?". Há três opções: delegar, licenciar ou franquear. A Tok Stok, por exemplo, delegou para um determinado perfil de clientes ávidos por descontos a montagem de móveis.

Há também opções de padrões para a ruptura da fórmula de lucro. O primeiro grupo é o de **diferenciadores de receitas**, os quais se baseiam na seguinte pergunta gatilho: "Quais novos fluxos de receita ou mecanismos de preços podemos introduzir para capturar mais valor de nossos clientes ou desbloquear mercados não lucrativos?" (Osterwalder et al., 2021, p. 190). Por exemplo, o Duolingo, aplicativo móvel de aprendizado de idiomas, oferece cursos de idiomas completos gratuitos, desde que o cliente se sujeite a assistir à propaganda que gera receita, que é complementada pela receita de assinaturas dos serviços *premium*.

Outro padrão é o dos **diferenciadores de custo**, que vai além da simples racionalização de processos e busca inovações radicais para economizar nas atividades e no uso de recursos. A pergunta gatilho é: "Como podemos mudar significativamente a estrutura de custos, criando e entregando valor com recursos e atividades diferentes e configurados de maneira diferente?" (Osterwalder et al., 2021, p. 198). O Airbnb, por exemplo, criou um modelo de hospedagem que eliminou de uma só vez o investimento em propriedades, o custo de manutenção e a despesa com pessoal.

Já os **mestres de margem** são padrões que atuam ao mesmo tempo nos dois lados da fórmula do lucro, com alterações significativas na estrutura de custos e fontes de receita. Aqui a pergunta gatilho é: "Como encontrar maneiras inovadoras de eliminar os aspectos mais caros do modelo de negócios, focando o valor mais importante para os clientes, pelo qual estão dispostos a pagar um preço alto?" (Osterwalder et al., 2021, p. 204).

Como você deve ter percebido, há muitas possibilidades de inovar o modelo de negócios, desde inovações incrementais até as de ruptura, que afetam os alicerces competitivos. É preciso disposição para encarar o processo de inovação com seus altos e baixos, idas e vindas, falhas, aprendizados e, finalmente, vitórias. Quem se mantém persistente e com firmeza de propósito tem a oportunidade de fazer a diferença no mercado, entregando valor de forma consistente para clientes e para a sociedade como um todo.

Síntese

Neste capítulo, estudamos os seguintes conteúdos:

- A criatividade é a base para a inovação e é uma competência necessária para a criação de propostas de valor desejáveis e para a definição de modelos de negócios viáveis.
- Cinco tipos de barreiras afetam a manifestação do pensamento criativo no ambiente de trabalho: barreiras de percepção, emocionais, culturais, ambientais e culturais. O empreendedor ou gestor deve estar atento à manifestação dessas barreiras para poder combatê-las.
- Soluções criativas podem partir do que já existe, seja algo produzido pelo homem, seja algo produzido pela natureza.
- A ferramenta Mescrai é uma boa alternativa para inovar a partir de algo que já existe.
- Pela sua importância, o *e-commerce* merece ser tratado com atenção. Discutimos sobre as possibilidades de aprimorar o modelo de negócios para o sucesso do *e-commerce*.
- A partir do momento em que o produto deixa de ser um projeto e passa a ser comercializado normalmente, ele não deve ser abandonado pela gestão. É preciso que seja mantido o esforço para a padronização e a melhoria da qualidade. A filosofia *lean* pode ajudar nesse processo.
- Foco na sustentabilidade ambiental e social do modelo de negócios pode aumentar o valor da empresa e a satisfação dos empregados e, ainda, gerar valor para segmentos de clientes que escolhem fornecedores com o uso de critérios de sustentabilidade.
- As seguintes ferramentas podem ser combinadas com as demais que foram discutidas anteriormente: cinco porquês; mapa de empatia; técnica dos seis chapéus; análise SWOT; mapa da jornada do usuário; *brainstorming*; testes A/B; OKR.

■ Padrões inventivos servem para gerar inovações de ruptura, cada um com foco em determinados elementos do modelo de negócios.

Questões para revisão

1. Por que, em uma empresa, contratar somente pessoas criativas não é garantia de constantes inovações?

2. Qual das ferramentas a seguir permite que um grupo de pessoas avalie uma determinada situação alternando a cada rodada diferentes pontos de vista?
   a) Análise SWOT.
   b) Cinco porquês.
   c) Seis chapéus.
   d) Jornada do usuário.
   e) Matriz de riscos.

3. Qual das alternativas a seguir melhor descreve a metodologia OKR?
   a) Ferramenta para planejamento da inovação.
   b) Forma de identificar a causa raiz de um problema.
   c) Meio de identificar oportunidades e ameaças no ambiente externo e forças e fraquezas no ambiente externo.
   d) Metodologia para desdobramento de objetivos em resultados mensuráveis e definição das iniciativas para alcançá-los, amplamente adotada em empresas de tecnologia.

e) Um canvas para descrever as tarefas, as dores e os ganhos do usuário.

4. Qual é a utilidade da ferramenta jornada do usuário para a elaboração do perfil do cliente no canvas da proposta de valor?

5. Qual das alternativas a seguir melhor descreve a utilidade da ferramenta Mescrai?
   a) Reduzir o risco de insucesso de uma proposta de inovação.
   b) Identificar as necessidades do cliente.
   c) Gerenciar projetos inovadores.
   d) Selecionar as melhores propostas de valor de uma lista.
   e) Modificar ideias existentes com várias opções de alteração.

Questões para reflexão

1. Chame algumas pessoas e faça uma lista de barreiras que afetam a criatividade em sua organização, com base nos tipos propostos por Hicks (1991), apresentados neste capítulo. Depois de gerar a lista, peça ao grupo para dar sugestões de como eliminar ou minimizar as barreiras.

2. A partir de seu modelo de negócios, que inclui a proposta de valor, aplique pelo menos duas das ferramentas apresentadas no capítulo para aumentar a desejabilidade de sua proposta de valor ou a viabilidade de seu modelo de negócios. Faça a atividade em grupo para gerar soluções mais diferenciadas e impactantes.

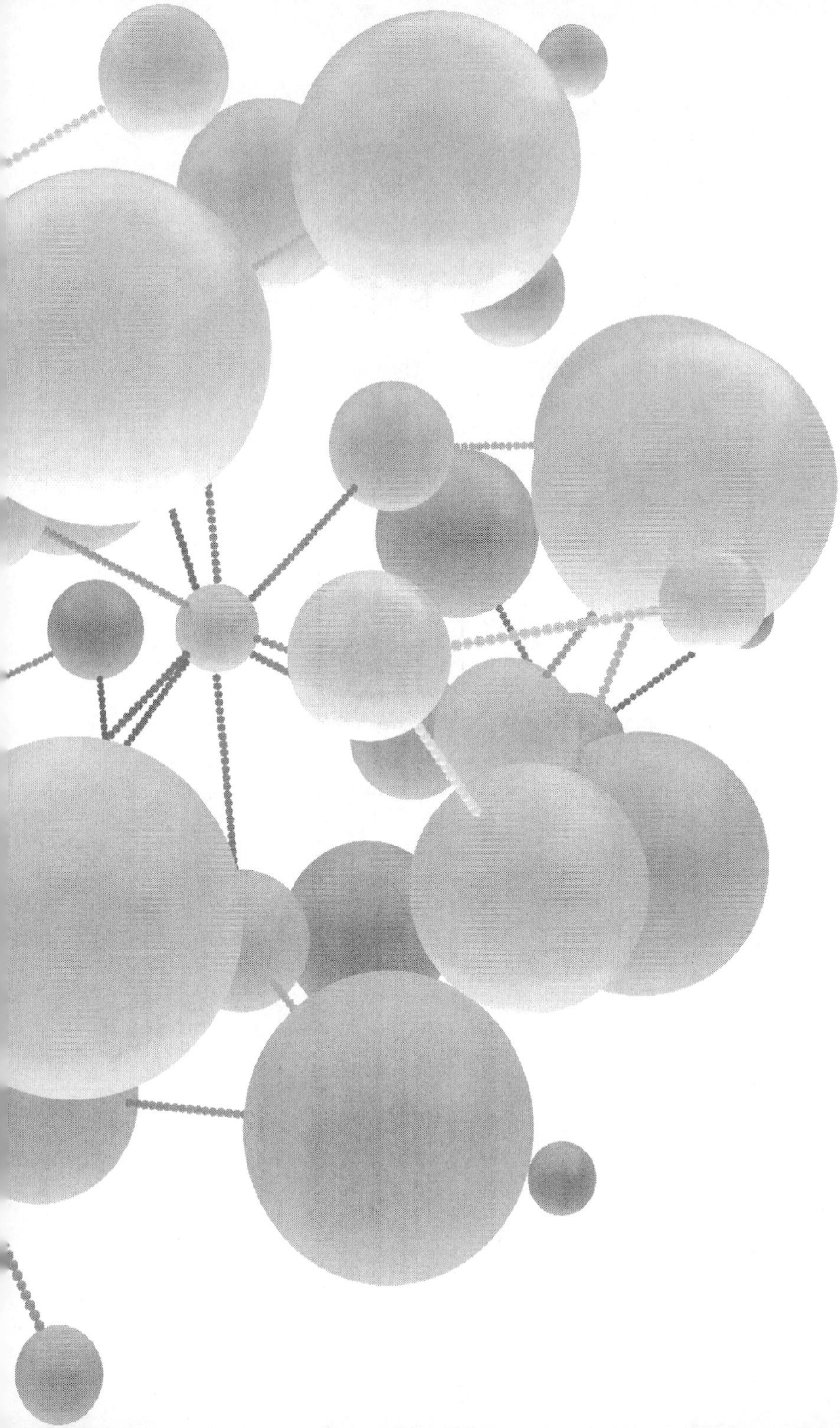

Considerações finais

Ao longo deste livro, foram apresentados conceitos, ferramentas e dicas para fazer acontecer a inovação no contexto organizacional, por meio do desenvolvimento e aprimoramento da proposta de valor e do modelo de negócios, seja em uma empresa, seja em uma organização sem fins lucrativos.

Não há como falar em inovação sem pensar no valor do produto ou serviço com potencial inovador que será entregue aos usuários. Assim, esperamos ter contribuído para o alcance do objetivo de promover o desenvolvimento de propostas de valor desejáveis e viáveis.

Como vimos, para um produto ou serviço ser desejável, é preciso definir um perfil de cliente que será o destinatário dos esforços. Esse perfil é traçado considerando-se as dores do cliente e os ganhos que ele espera obter com o que lhe é entregue.

Além disso, para que um produto seja viável, é necessário que a proposta de valor se encaixe em um modelo de negócios, em que cada um dos seus elementos seja pensado em termos de viabilidade técnica, financeira, ambiental e legal, entre outros critérios de viabilidade.

Uma grande vantagem desta obra é que aquilo que discutimos aqui pode ser aplicado de imediato, mesmo para quem não esteja atualmente na condição de empreendedor ou colaborador em uma empresa.

É possível elaborar um canvas da proposta de valor para um negócio que se queira criar, mesmo nas fases iniciais de ideação, ou ainda desenvolver um canvas para um negócio existente como forma de praticar o uso da ferramenta.

Nosso desejo é que o conhecimento aqui obtido seja útil, tanto para quem atua na condição de empreendedor quanto para quem atua no papel de intraemprendendor, e que contribua para a criação de novos negócios ou para o desenvolvimento de negócios já existentes.

Referências

ALENCAR, E. M. L. S. Desenvolvendo o potencial criativo: 25 anos de pesquisa. **Cadernos de Psicologia**, v. 4, n. 1, p. 113-122, 1998. Disponível em: <https://www.cadernosdepsicologia.org.br/index.php/cadernos/article/view/33>. Acesso em: 10 nov. 2023.

AM, J. B.; NOBLE, S.; MALIK, A. Os consumidores se preocupam com a sustentabilidade – e a respaldam com o bolso. **McKinsey & Company**, fev. 2023. Disponível em <https://www.mckinsey.com/featured-insights/destaques/os-consumidores-se-preocupam-com-a-sustentabilidade-e-a-respaldam-com-o-bolso/pt> . Acesso em: 14 dez. 2023.

BATALHA, E.; BENTO, S. Arquimedes e a Coroa. **Invivo**, 2 dez. 2021. Disponível em: <https://www.invivo.fiocruz.br/historia/arquimedes-e-a-coroa>. Acesso em: 14 dez. 2023.

BLAND, D.; OSTERWALDER, A. **Testing Business Ideas**. New Jersey: John Wiley & Sons, 2020.

BROWN, T. **Design thinking**: uma metodologia poderosa para decretar o fim das velhas ideias. Rio de Janeiro: Elsevier, 2010.

CARNEIRO, L. G. P. L. Temos empresas aéreas brasileiras *low-cost*? Características das principais empresas aéreas brasileiras e um estudo sobre empresas aéreas tradicionais, *low-cost*, e ultra *low-cost*. **Textos para Discussão**, Agência Nacional de Aviação Civil, n. 2, fev. 2021. Disponível em: <https://www.gov.br/anac/pt-br/centrais-de-conteudo/publicacoes/textos-para-discussao/textos/td-02-temos-empresas-aereas-brasileiras-low-cost.pdf>. Acesso em: 18 dez. 2023.

CHESBROUGH, H. **Inovação aberta**: como criar e lucrar com a tecnologia. Porto Alegre: Bookman, 2012.

CHRISTENSEN, C. M. **O dilema da inovação**: quando novas tecnologias levam empresas ao fracasso. São Paulo: M. Books, 2012.

CIDADES. Disponível em: <https://cidades.ibge.gov.br>. Acesso em: 18 dez. 2023.

DE BLASI, B. G. Microsoft 365 é ofertado por até metade do preço para combater Office pirata. **Tecnoblog**, 7 dez. 2021. Disponível em: <https://tecnoblog.net/noticias/2021/12/07/microsoft-365-e-ofertado-por-ate-metade-do-preco-para-combater-office-pirata>. Acesso em: 11 dez. 2023.

DE BONO, E. **Os seis chapéus do pensamento**. Rio de Janeiro: Sextante, 2008.

DELL. **Comunidade Dell**. Disponível em: <https://www.dell.com/community/pt/categories/comunidade-da-dell>. Acesso em 11 dez. 2023.

DIAS, P. M. A ferramenta MESCRAI II: uso em serviços. **Ferramentas para Inovar**, 8 nov. 2018. Disponível em: <http://ferramentasparainovar.blogspot.com/2018/11/a-ferramenta-mescrai-ii-uso-em-servicos.html>. Acesso em: 15 nov. 2023.

DIAS, P. M. A ferramenta MESCRAI. **Ferramentas para Inovar**, 19 jun. 2014. Disponível em: <http://ferramentasparainovar.blogspot.com/2014/06/a-ferramenta-mescrai.html>. Acesso em: 15 nov. 2023.

DIAS, P. M. Esqueça o brainstorming porque não vai funcionar! **Ferramentas para Inovar**, 29 jun. 2020. Disponível em: <http://ferramentasparainovar.blogspot.com/2020/06/esqueca-o-brainstorming-porque-nao-vai.html>. Acesso em: 31 out. 2023.

DOERR, J. **Avalie o que importa**: como o Google, Bono Vox e a Fundação Gates sacudiram o mundo com os OKRs. Rio de Janeiro, Alta Books, 2019.

DWECK, C. S. **Mindset**: a nova psicologia do sucesso. São Paulo: Objetiva, 2017.

E-COMMERCE BRASIL. **Fulfillment**: o que é e porque é importante na operação do seu e-commerce. 3 mar. 2016. Disponível em: <https://www.ecommercebrasil.com.br/artigos/fulfillment-o-que-e-e-porque-e-importante-na-operacao-do-seu-e-commerce>. Acesso em: 14 dez. 2023.

ELEVATOR PITCH: o que é, como fazer e 3 exemplos para você desenvolver o seu. **Inovação Sebrae**, 3 nov. 2022. Disponível em: <https://inovacaosebraeminas.com.br/3-exemplos-de-elevator-pitch>. Acesso em: 17 nov. 2023.

FUSSEL, S. Por que esta saboneteira não reconhece peles negras? **GizBr**, 17 ago. 2017. Disponível em: <https://gizmodo.uol.com.br/por-que-esta-saboneteira-nao-reconhece-peles-negras>. Acesso em: 18 dez. 2023.

GONÇALVES, A. Canvas: como estruturar seu modelo de negócios. **Sebrae**, 25 set. 2019. Disponível em: <https://www.sebraepr.com.br/canvas-como-estruturar-seu-modelo-de-negocios>. Acesso em: 31 out. 2023.

GOOGLE ADS. **Planejador de palavras-chave**. Disponível em: <https://ads.google.com/intl/pt-BR_br/home/tools/keyword-planner>. Acesso em: 15 nov. 2023.

GOOGLE TRENDS. **Explorar**. Disponível em: <https://trends.google.com/trends/explore?date=today%205-y&geo=BR&q=youtube,tiktok&hl=pt>. Acesso em: 15 nov. 2023.

GOVINDARAJAN, V.; TRIMBLE, C. **O outro lado da inovação**: a execução como fator crítico de sucesso. Rio de Janeiro: Elsevier, 2010.

HICKS, M. J. **Problem Solving in Business and Management**. Boston: Springer, 1991.

IBGE – Instituto Brasileiro de Geografia e Estatística. Disponível em: <https://www.ibge.gov.br>. Acesso em: 18 dez. 2023.

IEMI. Disponível em: <https://iemi.com.br/>. Acesso em: 15 dez. 2023.

INDIEGOGO. Disponível em: <https://www.indiegogo.com>. Acesso em: 15 dez. 2023.

INOVAÇÃO SEBRAE MINAS. **Conheça o mapa da empatia e saiba como usar**. Disponível em: <https://inovacaosebraeminas.com.br/conheca-o-mapa-da-empatia>. Acesso em: 15 nov. 2023.

JOHANSSON, F.; HASTWELL, C. Why Diverse and Inclusive Teams Are the Engines of Innovation. **Great Place to Work**, June 2021. Disponível em: <https://www.greatplacetowork.com/resources/blog/why-diverse-and-inclusive-teams-are-the-new-engines-of-innovation>. Acesso em: 31 out. 2023.

KERCHER, S. Blockbuster: site da locadora de filmes faz atualização e fãs da marca especulam retorno da rede. **CNN Pop**, 27 de mar. 2023. Disponível em: <https://www.cnnbrasil.com.br/economia/blockbuster-site-da-locadora-de-filmes-faz-atualizacao-e-fas-da-marca-especulam-retorno-da-rede>. Acesso em: 10 dez. 2023.

KICKSTARTER. Disponível em: <https://www.kickstarter.com>. Acesso em: 15 dez. 2023.

KNAPP, J. **Sprint**: o método usado no Google para testar e aplicar novas ideias em apenas cinco dias. Tradução de Andrea Gottlieb. Rio de Janeiro: Intrínseca, 2017.

MAGALHÃES, A. L. Serendipidade na investigação científica. **Ciência Elementar**, v. 10, n. 4, dez. 2022. Disponível em: <https://rce.casadasciencias.org/rceapp/art/2022/057>. Acesso em: 15 dez. 2023.

MERCADO LIVRE. **Tudo o que você precisa saber sobre o Mercado Livre**. Disponível em: <https://www.mercadolivre.com.br/institucional/nos-comunicamos/noticia/tudo-sobre-o-mercado-livre>. Acesso em: 14 dez. 2023.

MJV. **3 pilares do Design Thinking**: entenda os conceitos e como aplicá-los no seu dia a dia. 17 dez. 2019. Disponível em: <https://www.mjvinnovation.com/pt-br/blog/3-pilares-do-design-thinking-entenda-os-conceitos-e-como-aplica-los-no-seu-dia-a-dia>. Acesso em: 15 nov. 2023.

MJV. **Do mundo VUCA ao mundo BANI**: entenda a relação e como sua empresa pode se preparar. 21 jun. 2021. Disponível em: <https://www.mjvinnovation.com/pt-br/blog/mundo-vuca-e-mundo-bani>. Acesso em: 15 dez. 2023.

NUBANK. **Cartão de crédito**. Disponível em: <https://nubank.com.br/cartao>. Acesso em: 15 nov. 2023.

OBARA, S.; WILBURN, D. (Org.). **Toyota by Toyota**: as técnicas que revolucionaram a indústria conforme líderes que aprenderam na fonte. São Paulo: Estação Liberdade, 2023.

OCTADESK. **Anuário do gestor**: CX Trends. Disponível em: <https://www.cxtrends.com.br>. Acesso em: 15 dez. 2023.

OLIVEIRA, J. Nem tudo é sucesso: conheça os 10 maiores fracassos da história da Apple. **Canaltech**, 16 dez. 2013. Disponível em: <https://arquivo.canaltech.com.br/mercado/nem-tudo-e-sucesso-conheca-os-10-maiores-fracassos-da-historia-da-apple-14138>. Acesso em: 31 out. 2023.

ORACLE. **Consumer Research 2022**. Disponível em: <https://www.oracle.com/retail/consumer-research>. Acesso em: 15 dez. 2023.

OROFINO, M. A. **Liderança para a inovação**. Rio de Janeiro: Alta Books, 2021.

OSTERWALDER, A. et al. **Empresa invencível**: The Invincible Company. Rio de Janeiro: Alta Books, 2021.

OSTERWALDER, A. et al. **Value Proposition Design**: como construir propostas de valor inovadoras. Rio de Janeiro: Alta Books, 2019.

OSTERWALDER, A.; PIGNEUR, Y. **Business Model Generation**: Inovação em Modelos de Negócios – um manual para visionários, inovadores e revolucionários. Tradução de Raphael Bonelli. Rio de Janeiro: Alta Books, 2011.

PESQUISA FAPESP. **O que é, o que é?** Biomimética, jan. 2013. Disponível em: <https://revistapesquisa.fapesp.br/o-que-e-o-que-e-14/>. Acesso em: 15 nov. 2023.

PWC. **Global Consumer Insights Pulse Survey**. Disponível em: <https://www.pwc.com.br/pt/estudos/setores-atividade/produtos-consumo-varejo/2023/global-consumer-insights-pulse-survey-setembro-2023.html>. Acesso em: 15 dez. 2023.

RIES, E. **A startup enxuta**: como os empreendedores atuais utilizam a inovação contínua para criar empresas extremamente bem-sucedidas. São Paulo: Lua de Papel, 2012.

ROSS, A.; TYLER, M. **Receita previsível**. São Paulo: Autêntica, 2017.

SALOMÃO, K. Fundo do Mercado Livre aumenta apostas em startups brasileiras. **Exame**, 28 jan. 2021. Disponível em: <https://exame.com/negocios/fundo-do-mercado-livre-aumenta-apostas-em-startups-brasileiras>. Acesso em: 14 dez. 2023.

SANTOS, L. C.; VARVAKIS, G.; GOHR, C. F. **Sistemas de operações de serviços**. João Pessoa: Ed. da UFPB, 2015.

SEBRAE – Serviço Brasileiro de Apoio às Micro e Pequenas Empresas. **A taxa de sobrevivência das empresas no Brasil**. 27 jan. 2023. Disponível em: <https://sebrae.com.br/sites/PortalSebrae/artigos/a-taxa-de-sobrevivencia-das-empresas-no-brasil,d5147a3a415f5810VgnVCM1000001b00320aRCRD/>. Acesso em: 31 out. 2023.

SERAFIM, L. **O poder da inovação**: como alavancar a inovação na sua empresa. São Paulo: Saraiva: 2011.

SUTHERLAND, J. **Scrum**: a arte de fazer o dobro de trabalho na metade do tempo. São Paulo: Leya, 2016.

TENÓRIO, F. G. A unidade dos contrários: fordismo e pós-fordismo. **Revista de Administração Pública**, Rio de Janeiro, v. 45, n. 4, p. 1141-1172, jul./ago. 2011. Disponível em: <https://www.scielo.br/j/rap/a/7DZRgxs8gXXWKGps4HWZxCQ/abstract/?lang=pt>. Acesso em: 18 dez. 2023.

TERRA, J. C. et al. **10 dimensões da gestão da inovação**: uma abordagem para a transformação organizacional. Rio de Janeiro: Elsevier, 2012.

TERRA, J. C. C. Criatividade: In: TERRA, J. C. C. (Org.). **Inovação**: quebrando paradigmas para vencer. São Paulo: Saraiva, 2007.

THOMALA, L. L. Brand Value of Taobao Evaluated by Brand Finance 2019-2023. **Statista**, 28 July 2023. Disponível em: <https://www.statista.com/statistics/1380798/taobao-brand-value-according-to-brand-finance>. Acesso em: 18 dez. 2023.

TIDD, J.; BESSANT, J.; PAVITT, K. **Gestão da inovação**. Porto Alegre: Bookman, 2008.

VALEON NOTÍCIAS. **Como a falência da Blockbuster tornou a Netflix a maior empresa de mídia do mundo**. 23 out. 2021. Disponível em: <https://valeonnoticias.com.br/2021/10/23/como-a-falencia-da-blockbuster-tornou-a-netflix-a-maior-empresa-de-midia-do-mundo>. Acesso em: 9 dez. 2023.

VIANA, M. et al. **Design thinking**: inovação em negócios. Rio de Janeiro: MJV Press, 2012.

VIKI, T. ROI for Innovation. **Strategyzer**, 4 Apr. 2023. Disponível em: <https://www.strategyzer.com/blog/roi-for-innovation>. Acesso em: 31 out. 2023.

Respostas

Capítulo 1

Questões para revisão

1. Inovação no processo (na forma de fazer); inovação em *marketing* (forma de promover, comercializar ou precificar); inovação organizacional (forma de estruturar a empresa); inovação em modelo de negócio (definição da proposta de valor e dos demais elementos que a fazem chegar até o cliente).
2. Diferentemente de uma empresa iniciante de pequeno porte, a *startup* tem um modelo de negócio ainda em definição, operando sob grande incerteza e com uma proposta de valor potencialmente inovadora.
3. b. O vídeo sob demanda para *download* foi disruptivo, pois inicialmente tinha desempenho inferior, mas evoluiu a ponto de eliminar o negócio de locação de DVDs, que era o modelo dominante.
4. c. Cada vez mais a diversidade é valorizada tanto dentro das empresas como na definição do perfil dos clientes. O respeito à diversidade contribui para a responsabilidade social e dá lucro.
5. a

Questões para reflexão

1. Praticamente todo ramo de negócio está sujeito a ser afetado por inovações disruptivas; o que ocorre é que muitas vezes se demora a percebê-las.
2. A resposta é livre, mas é importante destacar que não são somente as empresas de tecnologia que desenvolvem

produtos eletrônicos, sistemas ou aplicativos que são altamente inovadoras. A inovação pode ser o diferencial competitivo em qualquer setor.
3. Dependendo da empresa, há várias formas de promover a inovação aberta. É possível realizar parcerias com instituições públicas e privadas para desenvolver inovações. Clientes também podem ser convidados a contribuir com a inovação.

Capítulo 2

Questões para revisão

1. c
2. d
3. Tarefas do cliente: informar destino, selecionar tipo de viagem (econômica, *premium*, ecológica); ganhos: descontos, motoristas educados; dores: demora na chegada do veículo, interior do veículo sujo.
4. d
5. Tarefas do usuário: despachar bagagem, reservar passagem, pagar passagem; dores: pouco espaço para as pernas, refeições ruins, atrasos na partida dos voos; ganhos: sensação de segurança, descontos por fidelidade, cordialidade da equipe de bordo.

Questões para reflexão

1. Aqui valem a criatividade e o interesse do leitor em praticar o que foi aprendido. Não se preocupe em saber as respostas certas. Use uma folha grande para desenhar o canvas e notas adesivas para ir preenchendo cada campo.
2. Depois de terminado o canvas da proposta de valor, avalie cada elemento e veja o que pode ser alterado, eliminado ou acrescentado. Se puder pedir auxílio para outras pessoas, melhor ainda.

Capítulo 3

Questões para revisão

1. b
2. e
3. Pagamento de mensalidade, participação na receita de viagens.
4. Praticabilidade é a viabilidade de se executar o modelo de negócios e está relacionada com elementos que ficam no lado esquerdo do elemento proposta de valor, que são: parcerias, atividades-chave e recursos.
5. b. As demais alternativas são também opções do modelo de negócios, mas o exemplo se refere ao canal pelo qual o cliente é atendido.

Questões para reflexão

1. Aqui é "mão na massa", criatividade e interação com outras pessoas. Não tenha medo de errar. Depois de concluir o canvas, você mesmo e as demais pessoas envolvidas vão perceber o que faz sentido e o que precisa ser ajustado.
2. Lembre-se: a proposta de valor é o elemento central que influencia todos os demais e tem impacto direto na desejabilidade, junto com os elementos que ficam à sua direita: canais, relacionamento e perfil do cliente. A praticabilidade é trabalhada com base nos elementos que ficam à esquerda da proposta de valor. Por sua vez, a viabilidade financeira é alcançada com a gestão sobre a estrutura de custos (que é um resultado do custo de manter todos os outros elementos) e as fontes de receita.

Capítulo 4

Questões para revisão

1. a. Na técnica do detetive de dados, como o nome indica, usam-se dados coletados de várias fontes. A análise de redes

sociais pode até servir para coletar informações do cliente, mas de forma indireta. O *brainstorming* pode ser feito de várias formas, mas não costuma ter relação com a definição do cliente.
2. d. Não há relação entre a complexidade de uma proposta de valor e a probabilidade de que ela seja viável. Todas as demais alternativas são características comumente encontradas em propostas de valor de sucesso.
3. Cada participante da reunião de seleção de propostas recebe um determinado número de créditos, que podem ser simbolizados por etiquetas adesivas. A pessoa pode escolher se gasta todos os créditos em apenas uma ideia ou se os distribui em mais de uma.
4. Indefinição sobre o perfil do cliente; dificuldade em identificar as necessidades dos clientes; falta de criatividade; limitações do formato; dificuldade em priorizar as informações; esquecer-se do cliente.
5. a. Comentário sobre as demais alternativas: em "b", trata-se de um exemplo relacionado com proposta de valor baseada em flexibilidade; em "c", trata-se de um exemplo relacionado com proposta de valor baseada em facilidade de uso; em "d", trata-se de um exemplo relacionado com proposta de valor baseada em qualidade; em "e", trata-se de um exemplo relacionado com proposta de valor baseada em *status*.

Questões para reflexão

1. Aqui a questão é totalmente aberta. Para cada critério no qual sua empresa esteja com nota inferior à da concorrência, pode ser avaliada uma ou mais formas de melhorar cada característica. Não se preocupe se não conseguir uma proposta de melhoria para cada característica. O importante é a reflexão para gerar aprendizado.
2. A questão é trabalhosa, mas o investimento de tempo para realizar é muito válido para o aprendizado. Comece com a proposta de valor, depois vá desenvolvendo os elementos do lado direito do canvas e, em seguida, passe para os elementos

do lado esquerdo. Ao final, preencha os campos da estrutura de custos e das fontes de receita. Para aprimorar sua habilidade para elaborar o canvas de modelo de negócios, você pode reler o capítulo, praticar a elaboração e buscar exemplos de modelos preenchidos.

Capítulo 5

Questões para revisão

1. É necessário que haja outros perfis além dos criativos nas equipes para que a inovação saia da fase de geração de ideias e passe com sucesso para a fase de execução.
2. c. Cada chapéu simboliza o momento de avaliar a questão sob um ponto de vista diferente.
3. d
4. É possível identificar as principais atividades, ganhos e dores do cliente por meio da descrição da jornada antes, durante e após a utilização do produto ou experiência com o serviço.
5. e. Cada letra do acrônimo Mescrai é uma possibilidade de alteração da ideia original.

Questões para reflexão

1. A ideia é levantar barreiras que afetem o pensar criativo, usando as categorias propostas por Hicks (1991) para que a lista seja mais abrangente. Podem ser usadas notas adesivas em parede ou vidro ou, então, um quadro virtual.
2. No modelo de negócios, a desejabilidade está relacionada com o que o cliente vê, que são a proposta de valor e os elementos do lado direito da proposta de valor: canais, relacionamento e perfil do cliente. A ideia é escolher uma das ferramentas apresentadas no capítulo para tornar o modelo de negócios mais desejável: Mescrai; cinco porquês; mapa de empatia; seis chapéus; mapeamento da jornada do usuário; *brainstorming*; padrões de modelos de negócios.

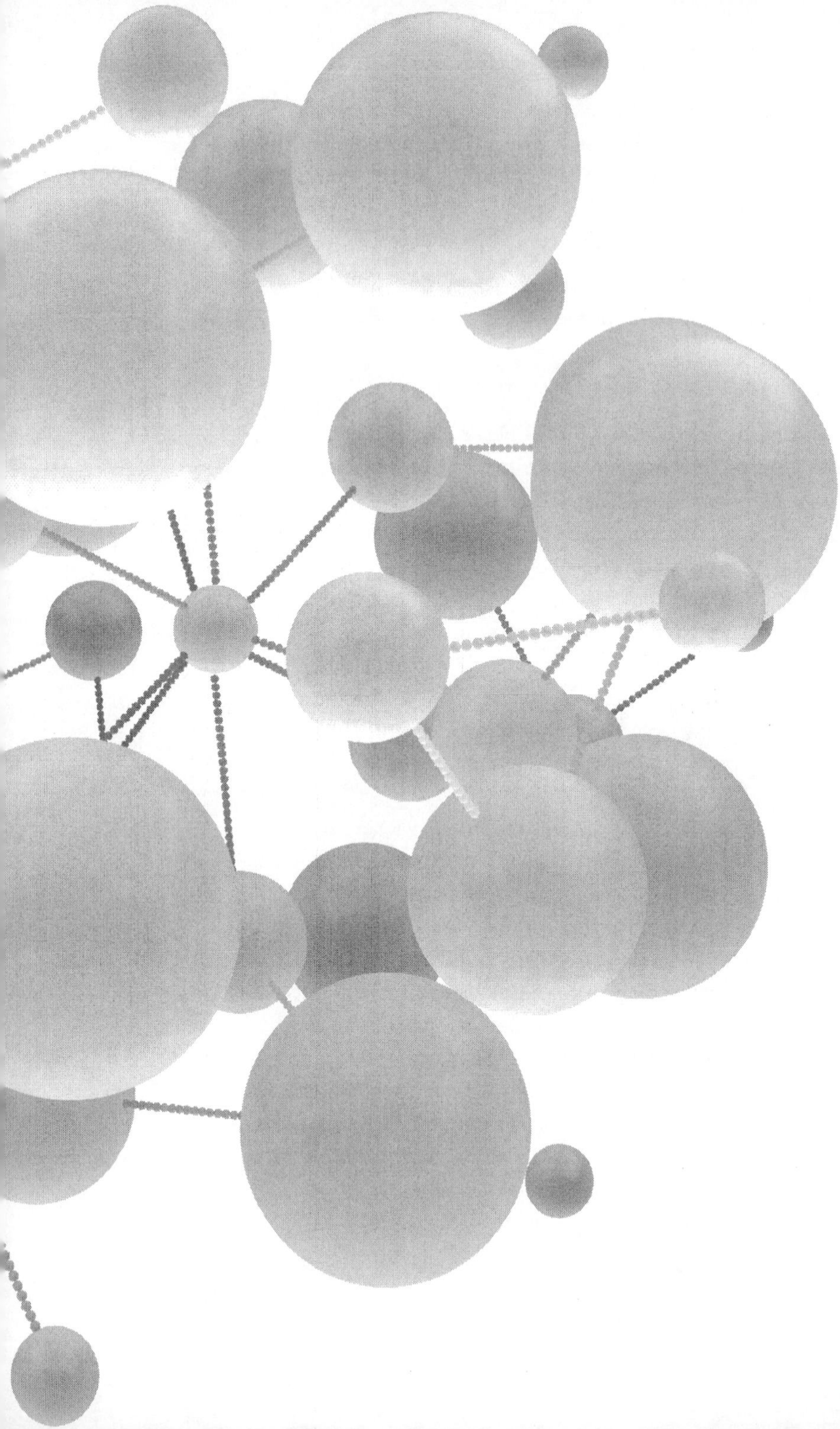

Sobre o autor

Paulo Manoel Dias é mestre e graduado em Engenharia de Produção pela Universidade Federal de Santa Catarina (UFSC). Desde 2000 atua no ensino acadêmico, na educação corporativa e como conteudista facilitador de cursos nas áreas de gestão e inovação. Mantém desde 2010 o *blog* Ferramentas para Inovar: <https://ferramentasparainovar.blogspot.com>.

Impressão:
Maio/2024